Buch

Schule bedeutet leider viel zu häufig Stress.
Stress für alle Beteiligten. Gerade zu Hause bei den Hausaufgaben und beim Lernen geht viel Energie verloren. In diesem Buch sollen Sie erfahren, was beim Lernen im Gehirn geschieht, welche Nachteile das Handy auf das Lernverhalten hat, welche Voraussetzungen geschaffen werden sollten, welche Techniken das Lernen unterstützen, welche Methoden hilfreich sind, was es mit Struktur und Organisation auf sich hat und vieles mehr.
In diesem Buch stecken sehr viel Wissen und ganz viel Erfahrung.

Autor

Tobias Roese, 1975 in Südbaden geboren, arbeitet seit über 20 Jahren in Schulen und in seiner Praxis mit Kindern, Eltern und Lehrern zusammen. In Einzelcoachings, Vorträgen, Seminaren und Lehrerfortbildungen ist er in ganz Süddeutschland unterwegs. Er coacht Schüler mit Lernblockaden und -störungen, Schul- und Prüfungsängsten, Motivations- und Konzentrationsschwierigkeiten, LRS, Legasthenie und ADHS, jene, die mit dem Stress nicht umgehen können und Schüler, die unter zu hohem Bildschirmkonsum, ob PC, TV oder Handy, zu leiden haben.

Tobias Roese

Lernolymp
stark in der Schule, erfolgreich im Leben

Für ein erfolgreiches Lernen und ein zufriedenes und ausgeglichenes Leben. Dafür steht dieses Buch.

Bibliografische Information der Deutschen Nationalbibliothek: Die Deutsche
Nationalbibliothek verzeichnet diese Publikation in der Deutschen National-
bibliografie; detaillierte bibliografische Daten sind im Internet über
dnb.dnb.de abrufbar.

© 2019 Tobias Roese
Herstellung und Verlag:
BoD – Books on Demand, Norderstedt

ISBN: 9783749430017

Vorwort

Für viele Schüler ist das Lernen stets mit Stress verbunden. Lernen verschlingt Zeit, freie Zeit – also Freizeit; zudem ist es häufig äußerst anstrengend. Lernen ist keine „gechillte" Unternehmung. Lernen ist Arbeit. So zumindest kommt es dem Schüler vor. Damit hat er auch Recht. Die Frage ist aber, wie man damit umgeht.

Unser Gehirn ist auf das Lernen spezialisiert. Es lernt den ganzen Tag, die ganze Woche, das ganze Jahr – das ganze Leben lang. Das Gehirn macht sogar nichts lieber als lernen. Für einen Schüler eine unvorstellbare Aussage.

Es sind die Ablenkungen der heutigen Zeit, die das bewusste Lernen so unbeliebt machen. Das unbewusste Lernen geht unvermindert weiter. Warum gehen afrikanische Kinder so gerne zum Lernen in die Schule? Weil sie vom Lernen nicht so abgelenkt werden.

Schüler, die mit dem Lernen Schwierigkeiten haben, benötigen Unterstützung und manchmal richtige Hilfe. Diese Hilfe sollte eine gezielte Unterstützung mit einer strukturierten Planung sein. Eine direkte Hausaufgabenhilfe ist keine wirkliche Hilfe auf Sicht.

Dieses Buch soll mit Fakten und Wissen ein Bewusstsein schaffen und dann mit entsprechenden Informationen, Tipps und Ratschlägen zum Lernen anregen.

In diesem Buch habe ich mein Wissen und meine ganze Erfahrung niedergeschrieben. Ich wünsche Ihnen das ein oder andere Aha-Erlebnis, Freude am Lesen und viel Erfolg bei der Umsetzung.

Inhaltsangabe

Anhand der Inhaltsangabe können Sie sich einen kurzen Überblick der Themen verschaffen. Ansonsten brauchen Sie sie nur, wenn Sie zu einem späteren Zeitpunkt einen gezielten Bereich nachlesen möchten.

Beim ersten Lesen empfehle ich, das Buch am Stück von vorne nach hinten durchzuarbeiten. Die Zusammenhänge sind wichtig und man muss stets das gesamte Ganze sehen.

Nur an einzelnen Symptomen „herumzudoktern" bringt auf Sicht keinen Erfolg. Der Schlaf gehört genauso zum Lernen wie Langeweile, die Ernährung, Pausen oder die richtigen Lerntechniken.

Nun wollen wir aber endgültig starten! Viel Freude.

Die Rolle der Eltern

Welche Rolle nehmen Eltern bei Lernsituationen ihrer Kinder ein?
Welche Rolle sollten sie einnehmen?
Wie denken Eltern über die aktuelle IST-Situation? Und wie die Kinder? Wie
die Außenstehenden, wie Lehrer oder die Verwandtschaft?

Es ist keine leichte Rolle, die die Eltern zu übernehmen haben. Sie haben nämlich die Rolle des Erziehenden zu übernehmen. Von ihnen lernen die Kinder
am meisten. Es beginnt im Säuglingsalter. Die ersten Silben werden kennengelernt, Verhaltensmuster ebenso wie Gesichtsausdrücke. Wie verhält es sich
jedoch beim Lernen, wenn es um das Thema ‚Schule' geht?

Hier sollten die Eltern ganz klar nicht die Lehrer sein. Aus einem ganz einfachen Grund kann das auf die Dauer nicht gut gehen. Die Schule ist für das
Kind wie der Beruf für die Eltern. Es ist wichtig, wenn man seinen Beruf hat
und zu Hause beim Partner auch mal Dampf ablassen kann. Darüber hinaus
sollten berufliche Dinge nicht in das Privatleben getragen werden. Der Beruf
bleibt in der Firma. Ebenso verhält es sich mit der Schule. Je mehr sich Eltern
in das Lernen zu Hause einmischen, umso mehr werden das Lernen und die
Schule Thema in der Freizeit sein. Hier wird es schwer, eine Grenze zu ziehen. Während der Erwachsene nach Feierabend „auschecken" kann, muss
ein Schüler immer damit rechnen, mit seinen Problemen konfrontiert zu werden. Ein Abschalten ist kaum noch möglich. Der Stress staut sich an, der
Stresspegel steigt ins Unerträgliche. Schulischer Stress oder gar Ärger vermischen sich zu sehr mit dem Privaten.
Kein guter Therapeut therapiert seine Familienmitglieder. Ihm fehlt schlichtweg die Distanz. Ein Elternteil lässt sich schneller über die kindliche Ignoranz
in Rage bringen als eine fremde Person.
Da ist Stress für alle Beteiligten vorprogrammiert.

Nun ist es aber auch nicht so, dass Eltern sich komplett raushalten sollten. Es
müssen Vereinbarungen getroffen werden. Die Eltern sollten die Alltags-
struktur ihres Kindes kontrollieren. Dazu gehört es auch, zu schauen, ob die
Hausaufgaben gemacht sind. Auch ein Abhören von Vokabeln ist völlig

legitim und gehört dazu. Ein Kind sollte aber auch erklärt bekommen, wie weit die Kontrolle sowie die elterliche Unterstützung geht.

Hausaufgaben müssen auf jeden Fall allein angegangen werden. Weder Eltern noch Nachhilfelehrer oder Freunde dürfen diese direkt unterstützen. Die Hausaufgaben sollen das Repetieren des Unterrichtsstoffes sein. Im Unterricht wurde das Thema besprochen und erläutert. Hat ein Kind es nicht verstanden und bei den Hausaufgaben wird es von einer anderen Person erneut erklärt, ist dem Kind nicht wirklich geholfen, da das Repetieren ausgeblieben ist. Diese Informationen werden nach kurzer Zeit das Gedächtnis wieder verlassen haben.
Ein Erklären des Stoffes durch einen Nachhilfelehrer oder das gemeinsame Erarbeiten mit einem Klassenkameraden ist immer hilfreich. Aber bitte nicht anhand der Hausaufgaben. Selbst in der Nachhilfe sollte der Unterstützer nur erklärend zur Seite sitzen. Das heißt, er erklärt die Inhalte des Stoffes. Das Lernen und das Auflösen von Aufgaben hat der Schüler selbst zu bewältigen. In Fächern wie Mathe geht es auch nicht nur darum, dass das Gehirn einzelne Informationen erlernen muss. Es muss sich ganze Prozesse antrainieren. Das geht von außen nicht. Dafür muss das Gehirn selbständig und allein Aufgaben lösen.

Von allen Seiten erfährt der Schüler Druck.
Bewussten, also direkten Druck, erfährt er durch die Schule und den Nachhilfelehrer, der darauf angewiesen ist, Erfolg zu haben.
Unbewusster Druck kommt von der Verwandtschaft und Freunden. Man weiß, sie schauen auf einen und da möchte man nicht schlecht dastehen.
Wo stehen die Eltern? Wie viel Druck darf von ihnen kommen? Sollten sie nicht der Ruhepol sein, bei dem der Stress abgebaut wird?

In der Abbildung 1 sehen wir den Idealfall. Der Schüler steht im Mittelpunkt des Ganzen und hat schulisch betrachtet zu jedem ein anderes Verhältnis.

Abbildung 1

Sehr häufig geraten jedoch die Eltern selbst in den Mittelpunkt. Vor allem dann, wenn die Objektivität verloren geht. Die Gesellschaft bringt es mit sich, dass der Werdegang eines Kindes eine immense Bedeutung hat und einiges über den Status der Familie aussagt.

Bereits in der Grundschule ist das Phänomen zu beobachten, dass Ende der dritten Klasse die Eltern vor der Schule auf den Schulschluss warten und sich darüber unterhalten, auf welche weiterführende Schule ihr Kind – in über einem Jahr – gehen wird.

Die Auswirkungen sind ihnen selbst gar nicht bewusst, aber die Kinder fragen sich in der dritten Klasse untereinander und wissen genau, dass nichts über das Gymnasium geht. Der Druck wächst immer mehr. So wuchs in den vergangenen Jahren auch die Zahl jener Grundschulkinder, die vermehrt über Kopfschmerzen und Bauchweh klagten.

In der Abbildung 2 sehen wir häufige Realitäten. Das passiert vor allem dann, wenn Eltern sich zu viel mit den Hausaufgaben und dem Lernen ihres Kindes beschäftigen. Ihnen fehlt letztendlich die Objektivität. Sie befinden sich mittendrin im „Chaos". Dabei wird Kritik von Lehrern an die Kinder auch von Eltern deutlich persönlicher genommen. Schließlich saßen sie mit an den Hausaufgaben und beim Lernen und glauben zu wissen, was ihr Kind kann und was nicht.

Abbildung 2

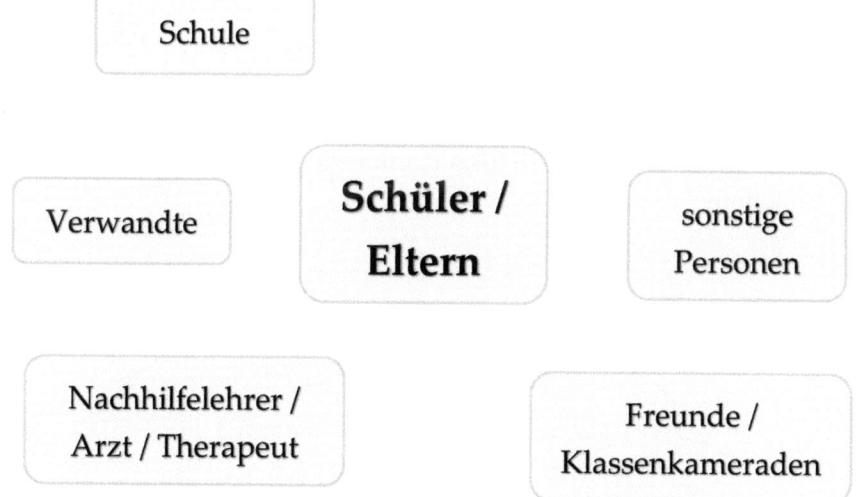

Für Eltern ist es nicht leicht, das richtige Mittelmaß zu finden. Es fällt auch nicht leicht, zuzugeben, dass das eigene Kind reif genug ist, um in die Selbstständigkeit entlassen zu werden. Es ist aber ein Trugschluss zu glauben, man wisse, welches Wissen das eigene Kind hat. Das Kind konnte vieles nur dadurch, weil jemand daneben saß und immer wieder auf die Sprünge geholfen hat.

Elternrolle

Eltern sollten niemals ihr Kind im Stich lassen und sich selbst überlassen. Kinder brauchen eine starke, führende Hand, die den Weg weist, die Strukturen mit auf den Lebensweg gibt, die mal erzieherisch und mal unterstützend mit Rat und Tat zur Seite steht.

Wichtig ist es für die Eltern, die Objektivität bestmöglich zu behalten. Direkt mit dem Schulischen können die Hilfen wie folgt aussehen:

→ Hausaufgaben- und Schultaschenkontrolle
→ Abfragen von Vokabeln, Formeln, Fakten usw.
→ Inhalte aus den einzelnen Unterrichtsstunden berichten lassen
→ Lerntipps und –methoden geben
→ immer ein offenes Ohr haben, ob es in der Schule Probleme gibt; ob zwischenmenschliche Probleme mit Lehrern oder Mitschülern, ob fachliche Schwierigkeiten oder Lernprobleme bestehen
→ Gespräche mit Lehrern führen, um rechtzeitig (indirekt) eingreifen zu können

Mama und Papa sind begleitend für mich da und helfen mir so, wie ich es brauche!

Erziehungsratgeber

Es gibt viele Bücher über Erziehung und viele gute Ansätze, und viele davon sind für das eine Kind passend und für ein anderes wiederum unpassend. Es liegt mir fern, hier über einzelne Erziehungen zu schreiben.

Ich konzentriere mich auf jene Themen, die das Lernen betreffen oder auch tangieren. Eltern sollten zwei Ziele haben: Wenn das Kind klein ist, ihm Wurzeln zu geben und wenn es größer ist, benötigt es Flügel. Mit diesen beiden Werkzeugen kann aus dem Kind ein erfolgreicher Erwachsener werden. Beides, Wurzeln wie Flügel, benötigt es auch beim Lernen.

Die Wurzeln entstehen durch feste Struktur, antrainiertes Lernverhalten und dem Wissen, dass die Eltern da sind, wenn Hilfe benötigt wird. Mit den Flügeln erfährt das Kind die nötige Selbstständigkeit. Es muss in der Lage sein, Hausaufgaben allein zu bewältigen und ebenso das Lernen auf Klassenarbeiten.

Wer erzieht?

Wer erzieht ein Kind denn tatsächlich? Und wer am meisten? Nun, viele dürften nun „Mama und Papa" bzw. „die Eltern" im Kopf haben. Bei der Erziehung geht es darum, dem Kind den Weg in die Zukunft zu ebnen. Es soll Dinge lernen, die ihm helfen, die es voranbringen, die es höflich und hilfsbereit werden lassen und vieles mehr. Diese Dinge, wie ich es hier mal salopp formulieren möchte, lernt es aber nicht nur von den Eltern. Da sind auch die Verwandten, Ärzte, Nachbarn, die Kinder in der Krabbelgruppe, Kindergarten, Schule, das Fernsehen und jeder andere, dem das Kind begegnet. Das Kind ist im ständigen Lernprozess. In diesem übernimmt es viele Verhaltensmuster, die es in seinem Umfeld aufnimmt.

Wie diese Aufnahme im Einzelnen aussieht, wird zu einem späteren Zeitpunkt im Kapitel über das Gehirn erläutert.

An der Erziehung sind also viele beteiligt. Jeglicher Umgang eines Kindes erzieht mit. Daher ist es die Aufgabe der Eltern, den Umgang genauer zu betrachten. Damit ist nun nicht gemeint, die Oma vor die Tür zu setzen. Die Fernsehsendungen jedoch können kontrolliert werden. Die Auswahl jener, die miterziehen, liegt ganz bei den Erziehungsberechtigten; also in der Regel bei den Eltern.

In der Erwachsenenbildung lernen wir, dass wir uns den fünf Menschen anpassen, mit denen wir uns am meisten abgeben. Möchte man finanziell erfolgreich sein, sollte man sich nicht mit Mindestlohnempfängern umgeben, sondern mit wirklich erfolgreichen Menschen.

Nicht anders ist das bei Kindern. Ein Kind, welches Freunde hat, die stets weniger gute Noten schreiben, wird sich nach und nach anpassen. Eltern werden ihr Kind nicht mit drogenabhängigen, straffälligen Kindern um die Häuser ziehen lassen. Das heißt, sie geben ihrem Kind einen Rahmen vor. Einen solchen Rahmen bekommen die Kinder auch in anderen Bereichen, wie bei der Umgangsweise mit den Eltern, wie bei der Zimmerordnung usw. Einen solchen Rahmen benötigen Kinder auch beim Lernen. Je reifer sie werden, um so selbstständiger und verantwortungsbewusster sollten sie werden. Das werden sie aber nur, wenn sie innerhalb eines Rahmens kennengelernt haben, wie so etwas funktioniert.

Bezogen auf die Schule sollten Eltern und Lehrer im Idealfall Hand in Hand arbeiten. Dabei ist das kein „gegen" das Kind, sondern ein „für" das Kind, welches erklärt bekommen muss, was wofür nötig und hilfreich ist.

Vorbildfunktion

Die wichtigste Erziehung ist die des Vorlebens. Ein junger Mensch lernt am meisten durch das Abschauen von Verhaltensmustern. Da sind sich viele Erwachsene ihrer Verantwortung überhaupt nicht bewusst. Sie denken entweder gar nicht darüber nach oder aber sie haben Ausreden parat, wie, dass das Kind zu klein ist, um das zu verstehen oder nachzumachen oder man erkläre ja dem Kind, dass man das ein oder andere erst machen dürfe, wenn man erwachsen sei. In vielen Fällen glauben das die Erwachsenen sogar selbst. Das ist jedoch ist ein Trugschluss.

Dabei sind nicht nur die Eltern gefordert, sondern jeder einzelne Erwachsene ist ein Vorbild und sollte sich dieser Verantwortung bewusst sein.

Im Straßenverkehr sehen und hören wir die negativen Vorbilder sehr häufig. Eine rote Fußgängerampel scheint für so manchen nicht zu gelten. Wenn kein

Auto kommt, achtet man gar nicht darauf, ob Kinder in der Nähe sind; man geht einfach.

Im Auto flucht man über andere Verkehrsteilnehmer. Nicht einmal, nicht zweimal – nein, ständig. Während dem Kind auf der Rückbank zu Hause das Benutzen „böser" Worte verboten wird, kommt es bei den Eltern des Öfteren zur Anwendung.

Von Kindern wird das Einhalten von Regeln erwartet. Welche Regeln nun sinnvoll und pädagogisch wertvoll sind, lassen wir an dieser Stelle mal offen. Wie ist das bei den Erwachsenen? Gefällt ihnen eine Regel nicht, sehen sie nur das Negative und lassen ihrem Frust oder Ärger freien Lauf. Ein häufig gesehenes Beispiel ist die Radarkontrolle. Der Erwachsene hat eine bestimmte Geschwindigkeit nicht zu überschreiten. Macht er es dennoch, wird er geblitzt und hat zu bezahlen. Punkt. Sache erledigt. Anstatt sich über den eigenen Regelverstoß zu ärgern bzw. sich selbst Besserung zu geloben, wird über die Sinnlosigkeit der Messung an jener Stelle geschimpft und es ist von Abzocke die Rede. Das kann ein Kind auf andere Bereiche übertragen und bezweifelt ebenfalls aufgestellte Regeln, die es selbst als sinnlos ansieht.

Ein weiteres Beispiel ist die viel zu häufige Handynutzung von Erwachsenen. Die junge Mutter mit dem Kinderwagen auf dem Gehweg, der Vater zu Hause auf dem Sofa, die Frau im Wartezimmer des Arztes, Erwachsene in der Bahn und im Bus; da sind den Beispielen keine Grenzen gesetzt.

Kinder nehmen das alles ganz genau auf und leben es nach.

Jeder einzelne Erwachsene muss sich an die Nase fassen und sich bewusst machen, zu jederzeit ein Vorbild zu sein.

Zu sagen, „die heutige Jugend …" ist stets ein Eigentor! Das muss jedem Erwachsenen bewusst sein. Das war immer so und wird immer so sein. Das reicht weit über 2000 Jahre zurück. Ich denke da gerne an das Zitat des griechischen Philosophen Sokrates:

„Die Jugend liebt heutzutage den Luxus. Sie hat schlechte Manieren, verachtet die Autorität, hat keinen Respekt vor den älteren Leuten und schwatzt, wo sie arbeiten sollte. Die jungen Leute stehen nicht mehr auf, wenn Ältere das Zimmer betreten. Sie widersprechen ihren Eltern, schwadronieren in der Gesellschaft, verschlingen bei Tisch die Süßspeisen, legen die Beine übereinander und tyrannisieren die Lehrer."

Im Grunde denkt jede Generation ähnlich. Es ist die Folge unserer eigenen Revolution gegenüber unseren Eltern, die uns in einigen Bereichen als schlechtes Beispiel dienten, uns aber gegenteilig handeln ließen.

Es ist eine gesellschaftliche Unsitte, von jungen Menschen Dinge zu erwarten, die man selbst nicht vorleben kann.

Das Gehirn lernt

Der Mensch beginnt mit dem Lernen bereits im Mutterleib und es endet erst mit dem Tod. Das heißt, wir lernen und lernen und lernen – das ganze Leben lang.
Für Schüler ist das häufig ein absolutes Unwort: LERNEN.

Unser Gehirn dagegen macht nichts lieber als lernen. So ist das Gehirn – so ist der Mensch – programmiert.

Viele Tiere haben zum Überleben ihre Besonderheiten.
Der Gepard ist das schnellste Tier auf dem Land, ein Tiger hat extrem scharfe Zähne, mit der er seine Beute reißen kann, der Eisbär ist perfekt auf die kalten Witterungsbedingungen am Nordpol eingestellt, der Elefant ist mächtig und stark, der Albatros ist ein Flugkünstler und der Mensch hat sein Gehirn zum Lernen.
Während all diese Tiere vom Aussterben bedroht sind, ist der Mensch seiner Existenz sehr sicher. Denn er ist in der Lage aus Fehlern und Problemen zu lernen und es besser zu machen.

Wir lernen, um es einfach zu erklären, auf zwei Arten:

1. Durch ständiges Wiederholen und Üben.
2. Durch die Abspeicherung des Erlernten in der Ruhephase.

Darauf gehen wir zu einem späteren Zeitpunkt deutlich intensiver ein.
Um das Lernen besser verstehen zu können, sollte man das Gehirn etwas kennenlernen und verstehen, wie es arbeitet und was es kann.

Das Gehirn

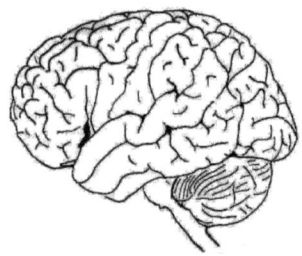

Das Gehirn ist längst noch nicht vollständig erforscht. Die bekannten Fakten jedoch sind schon sehr beeindruckend. Kein Computer kann es mit ihm aufnehmen. Unser Gehirn ist eine absolute Supermaschine.

Fakten:

- Das Gehirn wiegt zwischen 1,2 und 1,4 Kilogramm und somit rund 2% des Körpergewichts.
- Das Gehirn benötigt 20% des gesamten Energiehaushaltes. (Es benötigt ca. 20% des Sauerstoffs und 25% der Glukose.)
- Das Gehirn kann kaum Sauerstoff und Energie abspeichern und ist daher auf eine ständige Blutzufuhr angewiesen.
- Das Gehirn besitzt rund 100 Milliarden Neuronen.
- Das Gehirn beherbergt zwischen 65 und 120 Billionen Synapsen. (Auf die gehen wir noch genauer ein.)
- Das Gehirn hat seine Stärke in der Flexibilität und Veränderbarkeit.
- Das Gehirn ist erst mit 21 Jahre ausgebildet.

Was genau ist nun **das Lernen**?

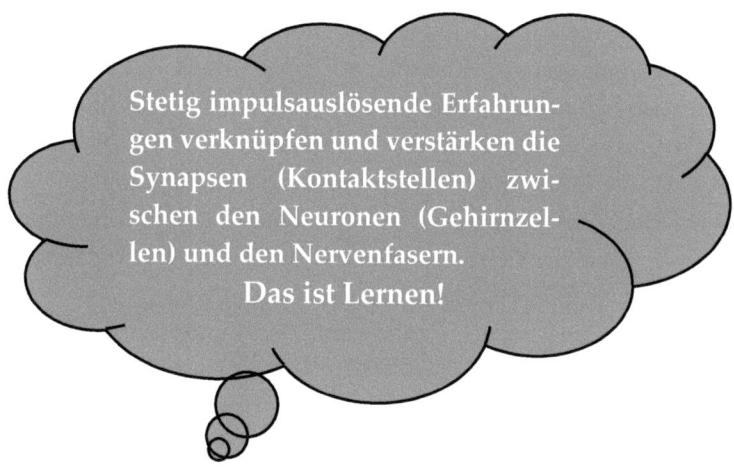

Stetig impulsauslösende Erfahrungen verknüpfen und verstärken die Synapsen (Kontaktstellen) zwischen den Neuronen (Gehirnzellen) und den Nervenfasern.
Das ist Lernen!

Die Synapsen

Die Synapsen sind äußerst wichtig für den Menschen. Sie prägen uns und entscheiden neben unseren Gedanken über unser Tun, Handeln, Neigungen und über unsere Zukunft.

Sie sind die Verbindungen zwischen den Neuronen. An jeder der 100 Milliarden Neuronen sind 10.000 Synapsen verknüpft. Jedoch nicht von Geburt an. Sie sind die sprichwörtlichen Spuren im Sand. Durch Lernen schaffen wir neue Synapsen; neue Pfade im Gehirn.

Kommt ein Baby auf die Welt, beginnt es sofort an zu lernen: Farben, Formen, Gesichter, Wörter und vieles mehr. Es schafft im Gehirn Verbindungen zwischen den Neuronen: Synapsen. In den ersten beiden Lebensjahren lernt ein Mensch so viel, dass er die doppelte Anzahl an Synapsen wie ein Erwachsener hat.

Ein 2-jähriges Kind hat ca. **120.000.000.000.000 Synapsen.**

In den darauffolgenden Jahren geht es nun darum, Synapsen zu kappen. Die Frage ist natürlich, welche sollen behalten werden und auf welche können wir verzichten. Die verbleibenden Synapsen werden uns als Mensch ausmachen; von der politischen Richtung bis hin zu unserem Tun.

Es ist, wenn auch sehr grob, aber besser verständlich, vergleichbar mit einer großen Wiese. Das Gras ist hochgewachsen und die Wiese unbetreten.

Ein Mensch bewegt sich auf dieser Wiese von A nach B. Er hat einen Pfad geebnet. Das Gras ist niedergedrückt. Beim nächsten Mal geht er von A über C nach B. Ein zweiter Weg ist geebnet. Nun bekommt er von außen die Information, dass der erste Weg der schnellere und einfachere ist.

Von nun an geht er nur noch den ersten Weg. Das Gras ist nach einigen Malen komplett niedergetreten. Beim anderen Weg richten sich die Halme mit der Zeit wieder auf. Der Pfad gerät in Vergessenheit.

Genauso verhält es sich in der Realität mit den Synapsen. Das zweijährige Kind hat nun viele Pfade in seinem Gehirn. Nun wird er durch die Erziehung lernen, welche Pfade für ihn die richtigen und besten sind. Läuft die Erziehung falsch und ein Kind kappt die falschen Synapsen, kann es auf die schiefe Bahn geraten.

Nach einigen Jahren schätzt man ab, ob die Erziehung positiv verläuft. Ist das Kind aus dem Gröbsten raus, kommt eine zweite Welle auf das Kind und somit auf die Eltern zu. Zwei Jahre vor Beginn der Pubertät entstehen wieder viele neue Synapsen. Sozusagen neue Pfade, neue Wege, neue Möglichkeiten zum gleichen Ziel zu kommen. Nach zwei Jahren ist das Gehirn voller Synapsen und benötigt von außen wieder Unterstützung. Erschwert wird diese Phase von den Hormonen in der Pubertät. Die Erziehung der Eltern wird nun weniger angenommen; das Gehirn ist in dieser Phase besonders risikofreudig.

Während der Pubertät trennen wir uns wieder von vielen Synapsen. Ist das Erwachsenenalter erreicht, wurde die Hälfte aller Synapsen gekappt.

Zu einem späteren Zeitpunkt wird das Thema ,Gedanken' behandelt. Sie hinterlassen im Gehirn, bei den Synapsen, ihre Spuren. Unsere Gedanken bekommen immer weniger Pausen. Durch das Smartphone sind wir stets abgelenkt und die vom Gehirn benötigte Langeweile bleibt aus. Unter anderem dadurch blockieren wir den Aufbau neuer Synapsen und verhindern das Lernen. Dabei sollte das Gehirn stetig lernen. Wir lernen jedoch nicht mehr selbstständig, sondern lassen uns alles von Google, Wikipedia und Co. erklären. Dadurch speichert das Gehirn nachweislich deutlich weniger und kürzer ab, als wenn wir in Büchern nachschlagen würden. Wir blockieren aber nicht nur den Aufbau der Synapsen, sondern verändern nachteilig unsere Gehirnstruktur; bei Kindern wird diese erst gar nicht vollständig aufgebaut. Durch das intensive Nutzen von Smartphone und Computer trainieren wir Gehirnregionen, die wir im Grunde nicht in dieser Größe benötigen. Wir bauen sie auf, wie wir Muskeln durch Krafttraining aufbauen. Durch diese Vergrößerungen verkümmern andere Bereiche, die für die humane Existenz notwendig sind. Der Mensch ist ein Individuum innerhalb einer Gruppe. Allein kann er nicht überleben. Zu seinen Stärken gehört die Anpassungsfähigkeit, die Empathie und Nächstenliebe. Das sind genau die Fähigkeiten, die in einem Gehirnareal stattfinden, die durch Smartphone und Co. verkümmern. Die sozialen Fähigkeiten werden in den nächsten Jahrzehnten immer weiter zurückgehen.

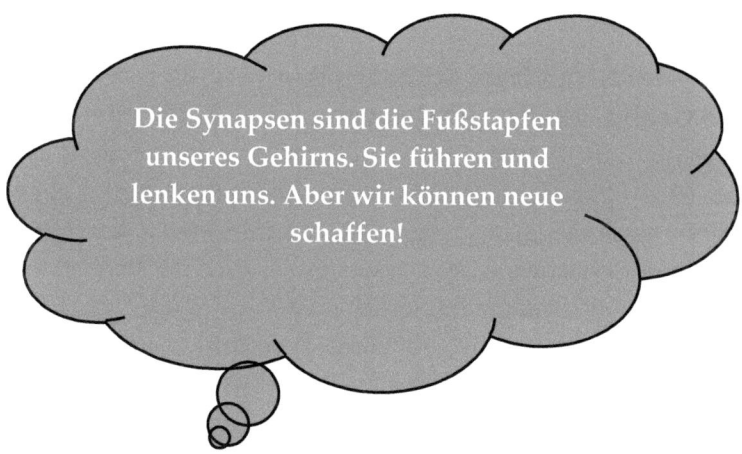

Die Synapsen sind die Fußstapfen unseres Gehirns. Sie führen und lenken uns. Aber wir können neue schaffen!

Festzustellen ist auch, dass durch Ähnlichkeit und Häufigkeit dieser Impulse die Anzahl der für eine Fähigkeit zuständigen Neuronen größer wird.
Mit anderen Worten: *„Lernen ist die Veränderung der Feinstruktur des Gehirns durch die Gesamtheit der Erfahrungen, die wir dauernd machen."*
Prof. Dr. Manfred Spitzer

Also: Je häufiger ein Impuls auf ein Neuron trifft, desto intensiver wird die Nervenfaser mit dem Neuron verbunden. Je stärker diese Kontaktstelle ist, desto intensiver ist die Erregung dieses einen Neurons und desto stärker stehen die betroffenen Neuronen für die Erfahrung, die den Impuls ausgelöst hat.

Beispiel: Je häufiger sich der Hund (s. Abb. Seite 17) den Schwanz verbrennt, umso nachhaltiger weiß er, dass es weh tut.

Das Interessante beim Lernen ist, dass das Gehirn gar nicht anders kann, als die ankommenden Impulse zu verarbeiten und somit Kontaktstellen zu verstärken.

Dadurch wiederum werden die Gehirnareale „ausgebildet", die für eine bestimmte Erfahrung zuständig sind.

Bei den Fakten ging es darum, dass die Veränderbarkeit eine Stärke des Gehirns ist. Das bedeutet:

Das Gehirn ist mit Ende der Pubertät nicht fertig verdrahtet!
Das Gehirn vernetzt sich das ganze Leben hindurch neu!

Beim Lernen ist also das gesamte Gehirn gefragt. Dennoch haben einige Areale ihre ganz eigene Aufgabe. Allgemein bekannt sind Oberbegriffe wie Sprachzentrum oder Rechenzentrum. Bekannt ist auch der Bereich für Kreativität und das ein oder andere vielleicht auch mehr. Zum Verständnis des Lernens gehen wir in diesem Buch auf einige Bereiche genauer ein, um nachvollziehen zu können, warum für ein Kind dieses oder jenes nun wichtig ist.

Ein wichtiger Bereich im Gehirn ist der Hippocampus. Doch lassen wir ihn selbst erzählen, wer er ist und was seine Aufgaben sind. Gerade in der heutigen Zeit hat er besonders viel zu tun. Seine Überforderung kann böse für den Menschen enden.

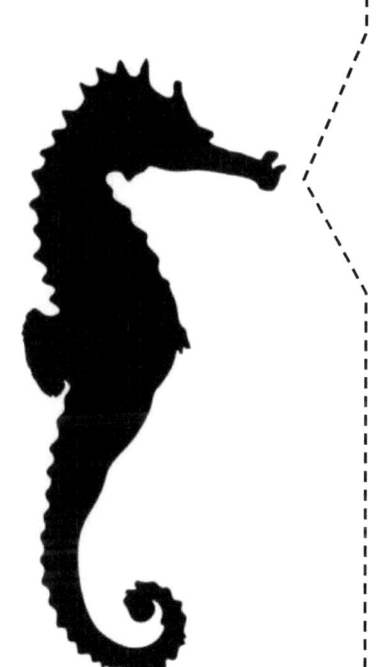

Hi, ich bin hier der Türsteher!
Und ich entscheide, wer bis zum
Cortex vortreten darf und wer gleich
wieder rausfliegt.

Man nennt mich übrigens

Hippocampus!

Meine Freunde nennen mich auch
Seepferdchen. Liegt wohl daran,
dass ich die Form eines Seepferd-
chens habe.

Ich habe einen echt harten Job. Stell'
Dir vor, jede Sekunde kommen zwischen

11.000.000 und 200.000.000
einzelne Informationen hier rein.
Das bedeutet, dass es an einem richtig stressigen Tag schon mal

3.500.000.000.000 Informationen
sein können.

Ist der Stress zu groß – verwechsele
ich schon mal die Wichtigkeit. Upps!

Der Hippocampus hat verschiedene Aufgaben zu bewältigen. In diesem
Buch geht es um seine Funktion als „Türsteher", der die einzelnen Informationen aufnimmt.

Zu den weiteren Aufgaben gehören beispielsweise aus verschiedenen Eindrücken, „Karten" entstehen zu lassen. Gegenden, Zeitpunkte usw. werden zusammengefügt. Somit haben wir in unserem Erinnerungsvermögen abgespeichert, wo entlang wir einen Weg gegangen sind, um ihn auch wieder zurückgehen zu können.

Außerdem spielt die Hippocampusformation eine große Rolle für Emotionen.

Eine reduzierte Hippocampusformation weisen Menschen mit Depressionen, ADHS, emotionalem Stress, usw. auf.

Nun wieder zurück zu seiner Türsteher-Funktion. Das menschliche Gehirn nimmt jede Sekunde tatsächlich Unmengen von Daten auf. Dabei spielt es zunächst mal keine Rolle, ob wichtig oder unwichtig. Das entscheidet dann eben der Hippocampus, ob es gleich wieder gelöscht werden soll oder ins Kurzzeitgedächtnis gehört. Aus verschiedenen Gründen kann es passieren, dass die wichtigen Daten gleich gelöscht und unwichtige wiederum gespeichert werden. Bei zu hohem Stressaufkommen beispielsweise werden wichtige Informationen nicht abgespeichert. Bei einem Menschen mit ADHS (Aufmerksamkeits-Defizit-Syndrom mit Hyperaktivität) werden nicht selten unwichtige Infos abgespeichert.

Die Informationen nehmen wir über unsere Sinne auf. Dabei nimmt das Auge die meisten davon auf: 80% aller Informationen kommen über unsere beiden Augen ins Gehirn. Von diesen 80% kommen wiederum 80% über das dominierende Auge.

Welches das dominierende Auge ist, ist leicht festzustellen. Man sucht sich im Raum einen Punkt aus, z. B. einen Fleck an der Wand, ein Bild oder Buch im Regal oder etwas anderes.

Die Finger beider Hände werden gestreckt und liegen eng aneinander. Nun werden die Hände so übereinandergelegt, dass zwischen den Daumen und Zeigefingern ein kleines Dreieck entsteht. Die Arme werden nun ausgestreckt, und der ausgesuchte Punkt wird durch das Dreieck betrachtet. Das Dreieck wird nun so weit verkleinert, dass nur noch der ausgesuchte Punkt zu sehen ist. Die Hände nähern sich jetzt immer näher dem Gesicht – so weit, bis die Hände am dominierenden Auge angekommen sind. Das heißt, die Hände soweit dem Kopf nähern, bis sie die Stirn berühren.

24

Bei den meisten Menschen dominiert das rechte Auge. Es gibt aber auch Menschen, bei denen sind beide Augen gleich dominierend. Das kommt jedoch selten vor. Dennoch kann man den Test zwei- oder dreimal wiederholen, um ein klares Ergebnis zu erhalten.

Das dominierende Auge ist bei der Arbeit eine wichtige Komponente. Ob für Schüler oder Berufstätige.

Das dominierende Auge sollte auch die Platzauswahl im Klassenzimmer treffen! Mit einem rechten dominanten Auge ist der Sitzplatz links von der Tafel und umgekehrt.

Der Speicherweg

Es gilt nun die Informationen in der Großhirnrinde zu speichern.

Es gibt drei Gedächtnisarten:

1. Sensorisches Gedächtnis – Informationen bleiben für Millisekunden bis Sekunden
2. Arbeitsgedächtnis/Kurzzeitgedächtnis
   a) Informationen bleiben für 20 – 45 Sekunden
   b) Informationen bleiben für ein paar Tage
3. Langzeitgedächtnis – Informationen bleiben über Jahre

Es existiert auch die Meinung, dass das Arbeitsgedächtnis die Informationen ausschließlich für 20 – 45 Sekunden speichert und das Langzeitgedächtnis zwei Möglichkeiten hat. Nämlich etwas für Jahre zu speichern oder eben nur für ein paar Tage.

Die Diskussionen bezüglich des Gehirns werden sicher noch lange geführt werden. Zumindest so lange, bis alles zu 100% erklärt, geklärt und erforscht sein wird. Das jedoch wird noch einige Zeit dauern und bis dahin muss damit gearbeitet werden, was zur Verfügung steht. Die bisherigen Ergebnisse aus der Wissenschaft und der Praxis lassen es an dieser Stelle logischer erscheinen, dass es sich um zwei Speichereinheiten beim Arbeitsgedächtnis handelt.

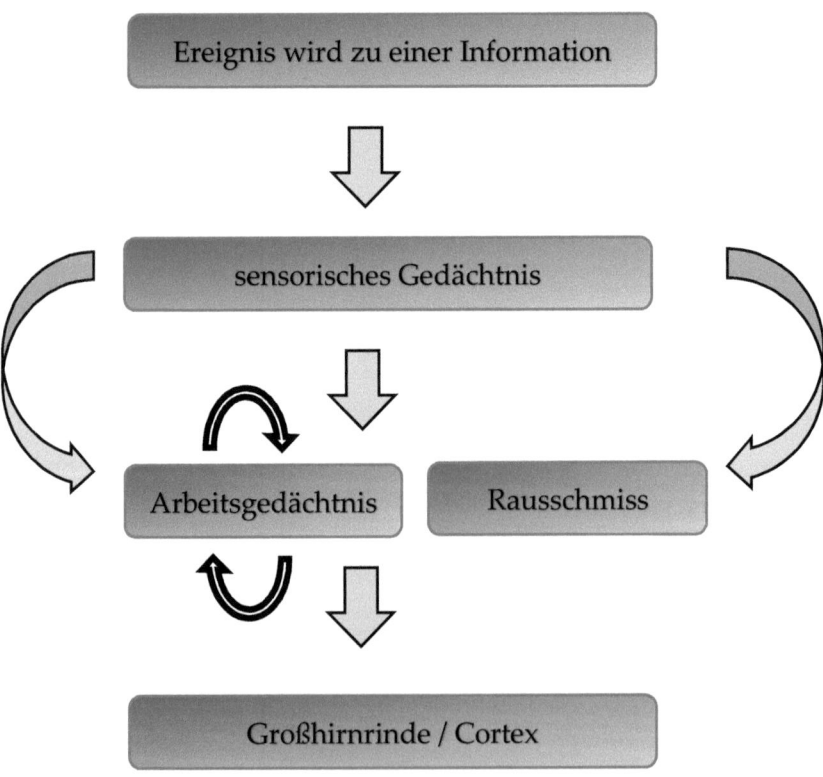

Innerhalb des Arbeitsgedächtnisses kann es für einige Tage bleiben und dann gelöscht oder im Langzeitgedächtnis (Cortex) abgespeichert werden. Daher die Pfeile beim Arbeitsgedächtnis.

Wichtig bei der Speicherung von Informationen ist die Aufmerksamkeit. Vokabeln können hundert Mal gelesen werden und doch sind sie nach wenigen Minuten ‚vergessen'.

Somit kann man sagen, dass bei einer bewussten Auseinandersetzung mit den Vokabeln oder eben mit einer erhöhten Aufmerksamkeit die Informationen besser im Langzeitgedächtnis abgespeichert werden.
Je bewusster man sich mit den Lerninhalten beschäftigt und diese in logische Zusammenhänge bringt, desto einfacher ist das Lernen und Abspeichern.

Wie oben bereits erwähnt, nehmen wir die meisten Informationen über die Augen auf. Sinnvoller beim Lernen ist es aber, stets mehrere Sinnesorgane an der Informationsaufnahme zu beteiligen.

Wir behalten 10 % vom Lesen, 20 % vom Hören, 30 % vom Sehen, 50 % vom Hören und Sehen, 70 % was wir selbst sagen und 90 % was wir selbst tun.

Arbeitsgedächtnis: Es gibt für das Arbeitsgedächtnis verschiedene Modelle. Das aktuelle ist das von Baddeley. Es beinhaltet die folgenden drei Systeme:

1. Der räumlich-visuelle Notizblock zur kurzfristigen Speicherung visueller Eindrücke.

2. Die artikulatorische oder phonologische Schleife dient zur Speicherung von verbalen Informationen, welche durch ein inneres Wiederholen relativ lange verfügbar bleiben können.

3. Die zentrale Exekutive verwaltet die beiden Sub-
    systeme und verknüpft Informationen aus diesen
    Systemen mit dem Langzeitgedächtnis.

Langzeitgedächtnis: Hierbei handelt es sich um das dauerhafte Speicher-
                       system des Gehirns. Innerhalb des Langzeitgedächt-
                       nisses kann man vier Prozesse unterscheiden:
1. Neues Abspeichern von Informationen (LER-
    NEN)
2. Das Aufbewahren von wichtigen Informationen
    durch regelmäßigen Abruf
3. Das Reproduzieren bzw. Rekonstruieren von Ge-
    dächtnisinhalten (ERINNERUNGEN)
4. Informationsverlust durch Zerfall von Gedächt-
    nisspuren oder durch konkurrierende Informatio-
    nen.

Die oben genannten Zahlen sollten Ihnen nicht vorenthalten werden. Dennoch möchte ich diese Zahlen aus der Literatur und Wissenschaft anzweifeln.
Sie mögen eventuell einen Schnitt durch die Menschheit geben. Lernen ist
aber auch eine individuelle Angelegenheit. Ich persönlich nehme vom Lesen
weit mehr auf, als von gehörten Informationen. Mein Hörgedächtnis ist
schwach ausgeprägt.
Worauf jedoch großer Wert gelegt werden sollte, ist die Kombination ver-
schiedener Aufnahmekanäle. Besonders intensiv wirkt das eigene gespro-
chene Wort. Neues Wissen gleich weiterzuvermitteln, speichert es im eigenen
Gehirn verstärkt. Bei einem Kind kann mich sich Themen aus der Schule erklären lassen. Wichtig dabei ist, sich nicht als der „besserwissende Erwachsene" zu geben, der jeden zweiten Satz korrigiert.

Wir lernen besonders gut mit Emotionen. Sogar mit der Angst. Dennoch
sollte es vermieden werden, unter Angst zu lernen, da auch die Emotion abgespeichert wird. Konzentrieren wir uns auf das Lernen mit Freude. Wird im
Gehirn die Freude „aktiviert" speichert es neue Informationen deutlich
28

besser ab. Steht beim Lernen ein „Muss" vorne an, wird sich das zeitliche Pensum deutlich erhöhen. Sinnvoller wäre ein „Darf".

Es gilt, einem Kind das Lernen emotional wieder schmackhaft zu machen. Es darf wieder Freude am Lernen bekommen. Es soll nicht mehr müssen müssen, sondern es darf wieder müssen.

Nehmen wir als Beispiel Kinder aus armen Ländern. Sie lernen sehr gerne. Sie haben Freude und Spaß daran. Das liegt ausschließlich an der fehlenden Ablenkung und an einer klaren Zielvorstellung. Zu den Ablenkungen und den Zielen kommen wir später noch ausführlich.

Kommen wir zurück zur Datenspeicherung. Wichtig beim Lernen und somit für das Abspeichern im Langzeitgedächtnis ist das Repetieren. Wenn wir etwas hören, sei es in einem Vortrag oder in einer Schulstunde vom Lehrer, sind wir in der Lage, bis zu 20 Prozent zu behalten. Das jedoch ist nicht viel. Daher ist es absolut notwendig, den Inhalt noch einmal zu repetieren. Dieses sollte innerhalb der **ersten 72 Stunden** sein. Danach ist das meiste schon wieder „gelöscht".

Da sind Eltern ideale Hilfesteller. Ihnen können Kinder die Inhalte mit eigenen Worten wiedergeben. Wie oben erwähnt, erklären sie sozusagen den Eltern, was sie gelernt haben und durch diese Wiedergabe speichern sie es selbst noch besser ab.

Durch diese Wiedergabe entsteht auch ein gutes Gefühl. Das gute Gefühl, etwas zu wissen und Nichtwissende zu informieren. Auch dadurch werden die einzelnen Informationen nachhaltiger abgespeichert.

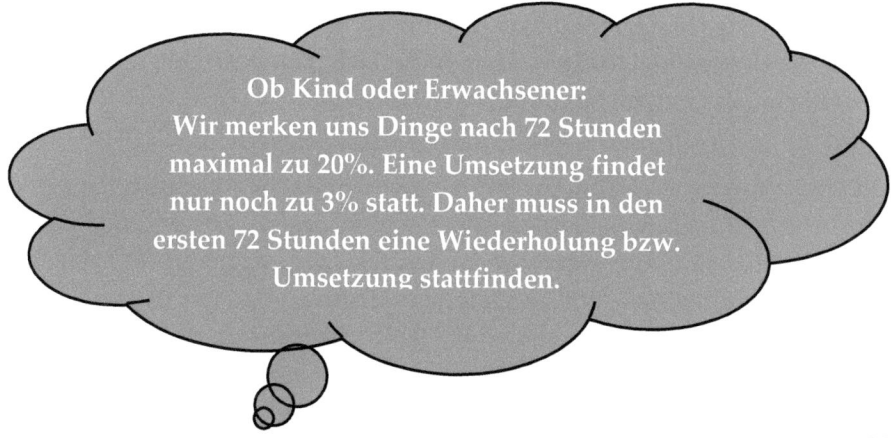

Ob Kind oder Erwachsener:
Wir merken uns Dinge nach 72 Stunden
maximal zu 20%. Eine Umsetzung findet
nur noch zu 3% statt. Daher muss in den
ersten 72 Stunden eine Wiederholung bzw.
Umsetzung stattfinden.

Wir haben nun auf den letzten Seiten Informationen aufgenommen, verarbeitet und abgespeichert. Jetzt ist es an der Zeit, uns bewusst zu machen, dass das Verhältnis von negativen und positiven Informationen leider weniger günstig für den Lernenden aussieht.

Wir speichern Negatives 20 Mal so gut ab wie etwas Positives.

Das hört sich nun erst einmal sehr ungünstig und vor allem überflüssig an. Diese Fähigkeit des Gehirns ist aber äußerst sinnvoll. Der Grund ist sehr einfach. Es geht um das Lernen. Es ist ein Schutzmechanismus des Menschen. Entstanden ist es vor vielen zigtausend Jahren. Gehen wir mal 20.000 Jahre zurück. Wie sah der Alltag aus? Zu dieser Zeit lebte noch das Mammut und der Säbelzahntiger. Der Mensch musste lernen, ihnen aus dem Weg zu gehen. Ein junger Mensch, noch unwissend, würde vielleicht auf ein junges Mammut zugegangen sein, um es zu streicheln. Bis es die Mutter kennenlernen durfte. Hat er es überlebt, wurde dieses Erlebnis in seinem Gehirn bestmöglich abgespeichert. Nämlich 20 Mal so stark, wie zuvor das Streicheln des Jungen.

Vergleichbar mit unserer heute häufig erzählten Geschichte von dem Kind und der heißen Herdplatte: Ein kleines Kind sitzt auf dem Küchenschrank und schaut der Mutter bei der Zubereitung des Essens zu. Es greift um sich und fasst auf die kalte Herdplatte. Die Mutter erklärt ihm, er dürfe dort nicht drauffassen, da es wehtun würde, wenn diese heiß sei. Schon zwei Tage später hat es die Warnung vergessen und alles wiederholt sich. Die Mutter kann es noch ein paar Mal wiederholen. Nehmen wir aber an, die Herdplatte wäre schon beim ersten Mal heiß gewesen, dürfen wir davon ausgehen, dass dieses Kind nie wieder auf die Herdplatte gefasst hätte.

Daher ist es wichtig, das Negative so gut abzuspeichern.

Doch nun kommt es: ABER, in der heutigen Zeit passiert viel mehr Negatives als vor 20.000 Jahren. Daher speichern wir so negativ ab und denken sehr negativ. Je besser es uns eigentlich geht, umso mehr sehen wir das Negative. Wir konzentrieren uns geradezu auf das Negative und das Positive wird als eine Selbstverständlichkeit angesehen. Bei Kindern ist es noch nicht ganz so ausgeprägt wie bei den Erwachsenen, aber es wird auch bei ihnen immer stärker. Zum Vergleich nehmen wir wieder die Kinder aus ärmeren Ländern.

Sie konzentrieren sich deutlich häufiger auf das Positive als Kinder aus reichen Ländern.

Die folgende Abbildung veranschaulicht unsere Ausrichtung auf Informationen bzw. auf Erlebtes.

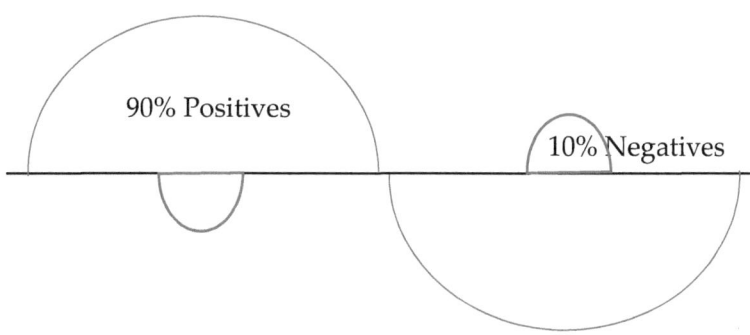

Wir sehen oberhalb der Linie unseres Erlebten eines Tages. 90% verlaufen positiv und nur maximal 10% negativ.

Unterhalb der Linie sehen wir, was uns zu dem Erlebten durch den Kopf geht und worüber wir sprechen. Wir konzentrieren uns zu 90% auf das Negative und nur zu 10% auf das Positive. Wenn wir uns dann noch mal ins Gedächtnis rufen, dass negative Informationen 20 Mal so stark sind wie die positiven, dann wird schnell deutlich, warum wir häufig im Allgemeinen so negativ eingestellt sind.

Die Unzufriedenheit ist leider des Deutschen liebstes Kind geworden.

Schauen wir aber wieder auf das eigene Kind.

Zunächst sieht es, was die Erwachsenen vorleben: sie fluchen, schimpfen, sind unzufrieden mit dem Wetter, der Politik, dem Chef usw.

Es selbst konzentriert sich sowieso auch auf das Negative. Positive Emotionen sind beim Thema Lernen schon lange nicht mehr vorhanden und da liegt es auf der Hand, dass das Lernen aus Sicht des Kindes „blöd" ist.

Damit möchte ich nun zu den Gedanken kommen. Ein wichtiges und durchaus spannendes Thema.

Die Welt der Gedanken

Die Gedanken spielen beim schulischen Erfolg eine ganz große Rolle. Ebenso in allen anderen Bereichen des Lebens, ganz gleich wie alt jemand ist. Unser Gedankenkonstrukt ist fest in unserem Unterbewusstsein verankert. Tagtäglich kommen neue Gedanken über das Bewusstsein hinzu. Einige verlassen uns schnell wieder, andere gleiten über ins Unbewusste. Unser Gedankenkonstrukt, auch Mindset genannt, führt und lenkt uns durch unseren ganz privaten Alltag.

Es gibt ein altes deutsches Volkslied aus dem 19. Jahrhundert mit dem Titel ‚die Gedanken sind frei'. Es soll niemand erschreckt werden, aber unsere Gedanken sind alles andere als frei. Der Mensch ist sehr leicht beeinfluss- und manipulierbar. Jeder Mensch manipuliert mehr als 100 Mal am Tag andere Menschen. Das geht am Morgen schon los, wenn wir jemanden einen guten Morgen wünschen, auch wenn wir es nicht so wirklich ernst meinen. Man kann es auch als Höflichkeit ansehen, aber man möchte auch nicht schlecht angesehen sein. Es würde sich rumsprechen, man sei ein unhöflicher Mensch. Also wird die Person am Morgen freundlich gegrüßt, damit sie selbst grüßen muss und einen positiven Eindruck erhält und nichts Negatives erzählt. So manipulieren wir uns durch den Tag und schaffen Gedanken.

Pro Tag hat der Mensch 40.000 bis 80.000 Gedanken. Also im Schnitt ca. 60.000. Davon sind gerade einmal 2.000 bis 3.000 neu. Das heißt wiederum, dass 57.000 bis 58.000 Gedanken alt sind und wir sie immer und immer wieder denken. Die meisten von ihnen denken wir gar nicht mehr bewusst. Es läuft im Stillen, also im Unterbewusstsein, ab.

Beispiel: Wir lernen Fahrradfahren und müssen an alles bewusst denken: lenken, treten, Gleichgewicht halten, schalten, bremsen, …

Jahre später denken wir nicht mehr bewusst daran, stattdessen fahren wir freihändig, sind (verbotenerweise) am Handy oder unterhalten uns. Die gleichen Gedanken wie damals sind jedoch noch immer da. Sie spielen sich aber im Unterbewusstsein ab. Das ist auch vernünftig, damit unser Bewusstsein keinen Kollaps bekommt.

Nun erinnere ich an eine wichtige Information von Seite 30: Negative Gedanken sind 20 Mal so stark wie positive.

Jetzt sollte das Mindset eines Kindes genauer betrachtet werden. Sätze wie „Das kann ich nicht!" oder „Das schaffe ich nicht!" sind sehr stark. Noch dazu, wenn diese nicht nur einmalig fallen bzw. gedacht werden, sondern über Tage, Wochen oder Monate.

Wie sind die Gedanken überhaupt in unser Konstrukt gelangt?

Sie kamen alle über Erfahrungen!

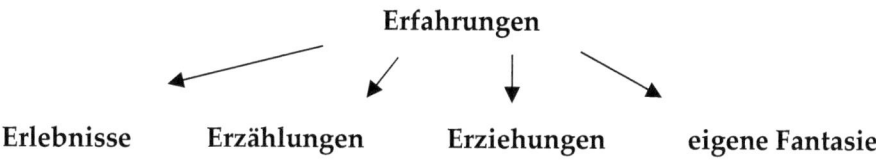

Erfahrungen

Erlebnisse   **Erzählungen**   **Erziehungen**   **eigene Fantasie**

Erlebnisse sind die tatsächlich selbst erlebten Dinge. Dabei entstehen eigene Erfahrungen und somit eigene Gedanken. Waren es prägende Erlebnisse, die wirklich besonders waren, oder Erlebnisse, die sich wiederholt haben, entstehen Gedanken, die sich ins Unterbewusstsein absetzen.

Erzählungen von Eltern, Großeltern, Lehrern, Freunden usw. schaffen ebenfalls Gedanken. Hierzu gehört auch die elterliche Erziehung, bei denen die Eltern sagen, was man als Kind zu tun hat oder was man zu lassen hat.

Erziehungen, die uns gar nicht bewusst vermittelt wurden. Das sind beispielsweise die Vorbilder, die uns etwas vorleben und wir schauen es ab und machen es nach. Dazu gehören aber auch Erziehungen, die bereits vor dem Einsetzen unseres Bewusstseins stattgefunden haben. Unser Bewusstsein und somit auch unser Erinnerungsvermögen setzt mit ca. drei bis vier Jahren ein. Uns wurde anerzogen, nicht nackt auf die Straße zu rennen.
Der Mensch steht morgens auf und fragt sich nie, ob er sich etwas anziehen sollte. Die Frage ist immer nach dem ‚Was'. Was ziehe ich mir heute an.

Eigene Fantasien hat jeder. Dadurch entstehen wieder neue Gedanken. Allerdings kann es die eigene Fantasie nur geben, wenn die drei anderen „E"s existieren. Ohne Erlebnisse, Erzählungen und Erziehungen oder zumindest eines von ihnen, kann ich keine Fantasie entwickeln.

Hat ein Kind schlechte Noten oder ein schlechtes Verhältnis zum Lernen und zur Schule, ist ganz klar auch das Mindset negativ. Ist das Kind bereits in der neunten Klasse und hat in einem Fach bereits seit der fünften Klasse durchgehend Schwierigkeiten, wird es schwer, nur durch Lernen etwas zu verändern.
Das Gedankenkonstrukt bremst mit fest installierten Sätzen wie „ich kann das nicht" radikal aus. Da ist im Nachhinein häufig die Überraschung von Lehrern, Nachhilfelehrern, Eltern und dem Kind selbst groß, obwohl im Vorfeld das Thema bewältigt werden konnte, sah es in der Arbeit ganz anders aus.
Ob Schüler, Sportler, Berufstätiger, Redner, …; sie alle können sich ausbremsen oder erfolgreich Gas geben. Negationen sollten bestmöglich aus dem Sprachgebrauch entfernt werden. Zumindest, wenn sie sich auf die eigene Person beziehen. Dazu gehören Begriffe wie: vielleicht, aber, eigentlich, versuchen, schaff ich nicht, kann ich nicht.

Die einzelnen Wörter (vielleicht, aber, eigentlich, versuchen) beinhalten bereits eine Entschuldigung des eigenen Unterbewusstseins. Es wird schon damit gerechnet, das Ziel nicht zu erreichen.
EIGENTLICH kann ich die Aufgaben. Hierauf folgt automatisch ein „aber", welches das Können relativiert.
Ich werde die Aufgaben lösen, ABER falls nicht … Das Scheitern ist von Innen her vorprogrammiert.
VIELLEICHT klappt es ja mit der Arbeit. Vielleicht aber auch nicht.
Ich werde es VERSUCHEN. Um letztendlich doch zu scheitern.

Bei den Sätzen („ich schaff das nicht" und „ich kann das nicht") hat man noch schneller verloren. Jedes Mal brennt sich dieser Satz 20-fach ins Gedächtnis. Über Tage, Wochen, Monate und womöglich Jahre. Kein Sportler kann mit solchen Sätzen im Training erfolgreiche Wettkämpfe absolvieren. So wird auch kein Schüler sein ganzes Wissen in einer Klausur abrufen können, wenn diese Negationen beim Lernen zu Hause fest im Gehirn installiert worden sind.

34

Stattdessen gilt das positive Denken. Von Übertreibungen sollte jedoch abgesehen werden. Sätze wie „du schaffst das", „du kannst das" oder „ich glaube an dich" helfen wenig und zeigen eher die Hilflosigkeit des Sprechers.

Im Unterbewusstsein ist die Negation so stark im Mindeset verankert; da ist es für das Unterbewusstsein nur zu belächeln, wenn von außen ein „du schaffst das" kommt. Die innere Antwort lautet dann ganz lapidar: „Nö!"

Sätze wie „du schaffst das" oder „du kannst das" sind zu stark, um sie annehmen zu können. Sie sind nicht nachvollziehbar.

Der Satz „ich glaube an dich" ist einerseits sehr schön, immerhin bekommt man Vertrauen ausgesprochen, aber gleichzeitig setzt es einen auch unter Druck. „Ich glaube an dich" impliziert zugleich „ich erwarte etwas von dir". Dabei geht es nicht darum, was mit der Aussage des Senders gemeint wurde, sondern wie es beim Adressaten ankommt.

Um das Mindset zu verändern, sollte man zunächst über die Logik gehen. Es werden neue Gedanken „gepflanzt", die nachvollziehbar sind. Sie müssen nicht gleich annehmbar sein, aber doch akzeptierbar. Mit diesen neuen Gedanken wird täglich gespielt und nach und nach kommen neue Gedanken hinzu. Das alte Gedankengut wird ausgetauscht.

Jedes Mindset lässt sich architektonisch verändern. Jeder ist sein eigener Mindset-Architekt!

Die graue Substanz

Durch intensives Lernen entsteht die graue Substanz im Hippocampus und in den Arealen für Aufmerksamkeit und visuelle Wahrnehmung am Hinterkopf. Sie verdichtet sich durch ständiges Lernen mehr und mehr.

Diese Dichte bleibt auch Monate später vorhanden. Die Fakten mögen vielleicht vergessen sein, aber das Gehirn behält die Fähigkeit, lange und intensiv zu arbeiten.

Durch längere Ruhephasen verdichtet sich die Substanz noch mehr; sie kann sich in Ruhe entfalten.

Studie:

Studenten wurden mit Kernspinaufnahmen über einen längeren Zeitraum begleitet.
Sie lernten für ihr Medizinstudium chemische Formeln, Namen von Knochen und Muskelansätzen und vieles mehr.
Die Aufnahmen zeigten, dass sich die graue Substanz im Hippocampus und in den Arealen für Aufmerksamkeit und visuelle Wahrnehmung am Hinterkopf verdichtet hatten.

Drei Monate nach der Prüfung wurden weitere Aufnahmen gemacht: die graue Substanz war nicht wieder verschwunden.
Die Fakten sind vielleicht vergessen worden, aber das Gehirn behält die Fähigkeit, länger und intensiver zu arbeiten.

In den Semesterferien genossen die Studenten ihre freie Zeit. Der Effekt war enorm. Durch die Pause und der dadurch entstandenen Ruhe, konnte sich die Substanz noch mehr entfalten.

Fazit

„Durch Pausen wird man schlauer!"
(Zitat aus dem Jahr 1998 v. Tobias Roese)

Das Gehirn benötigt einen komplett lernfreien Tag pro Woche und alle sechs bis acht Wochen sollten ein paar Tage am Stück frei sein. Ein Wochenendtag sollte also wirklich frei sein. Wir lernen schließlich nicht nur für eine Arbeit, sondern um unsere Substanz zu verdichten, um in unserer Zukunft etwas erreichen zu können. Zudem sollten die Ferien nicht als Lernzeit angesehen werden. Bei zweiwöchigen Ferien sollte eine Woche lernfrei sein. In den Sommerferien dürfen es gar drei bis vier Wochen sein.

Ab 30 Jahren nimmt die graue Substanz leider wieder ab. Was nicht heißt, dass man dem Zerfall ausgesetzt ist. Es ist einfach eine Sache des Trainings. Ebenso sinkt die Konzentration von Dopamin und Noradrenalin. Diese beiden sind u. a. für die schnelle Informationsverarbeitung verantwortlich.
Beide Neurotransmitter sind bei verschiedenen Erkrankungen zu gering vorhanden. So weiß man genau, was bei Menschen mit Parkinson im Gehirn vor sich geht und dass bei Betroffenen die Konzentration von Dopamin um 90 Prozent gesunken ist, aber wirklich helfen kann man noch nicht.

Bei AD(H)S fehlt es ebenfalls an den Neurotransmittern. Diese speziellen Botenstoffe haben die Aufgabe, Impulse von Nervenzelle zu Nervenzelle zu leiten. Zum einen haben AD(H)S-Betroffene einen Mangel an Dopamin; zum anderen ist es zu einem Ungleichgewicht zwischen den Neurotransmittern gekommen.
Bei den Störungen der Signalübertragung sind vor allem die Nervenbahnen vom Zwischenhirn zum Stirnhirn betroffen. Das zeigen Aufnahmen mit der „Magnet-Resonanz-Tomografie" (MRT) und der „Positronen-Emissions-Tomografie" (PET).
Bei AD(H)S-Kindern wurde erkannt, dass die Bereiche der Frontalregion des Großhirns wie Stirn und Schläfe keine vergleichbare Aktivität zeigen wie bei nicht betroffenen Kindern.
Das Gehirn eines AD(H)S-Kindes gleicht einem Dschungel. Während bei Nicht-Betroffenen die neuronalen Informationen wie auf einer Daten-

Autobahn geordnet von A nach B transportiert werden, müssen sie bei AD(H)S-Kindern auf Umwegen durch verschlungene Pfade wandern - dabei gehen viele verloren.

Durch das langsame Vorankommen der Impulse und den teilweisen Verlusten kommen sie natürlich nur in abgeschwächter Form im entsprechenden Gehirnareal an - das hat selbstverständlich eine Leistungsminderung zur Folge.

Das Fazit ist, dass die Kinder Informationen schnell wieder vergessen und auch nicht gut aus Erfahrungen lernen können.

Untersuchungen haben gezeigt, dass auch ständiges Üben und Wiederholen keinen wirklichen Erfolg gebracht haben.

Lernprozesse wie Planungen oder Problemlösungen können nur funktionieren, wenn die entsprechenden Gehirnareale zusammenarbeiten. Die ‚Schaltstelle' ist dabei die Frontalregion des Großhirns, lokalisiert im Stirn- und Schläfenbereich, die für die Zusammenführung der einzelnen Gehirnleistungen zuständig ist.

Bei verhaltensauffälligen Kindern fehlt es jedoch an dieser Zusammenführung der einzelnen Hirnleistungen. Dabei haben sie vor allem ein Problem: sie sind nicht in der Lage, lange „wach" und aufmerksam zu sein.

Auch wenn AD(H)S noch nicht vollständig erforscht ist, weiß man, dass das Gehirn manchmal übererregt und dann wieder inaktiv ist. Damit kann sich ein solches Gehirn nicht sehr gut auf Dinge einstellen, die gerade anstehen.

Medikamente wie das Ritalin unterstützen den Vorgang im Gehirn, um eine bessere Konzentration zu fördern. Es ersetzt aber in keinster Weise das Erlernen des Umgangs mit der eigenen Gehirnschwäche. Für die Betroffenen ist es unabdingbar, früh zu erlernen, wie man mit dem AD(H)S umzugehen hat.

Das Dopamin hat im menschlichen Gehirn verschiedene Aufgaben übernommen.

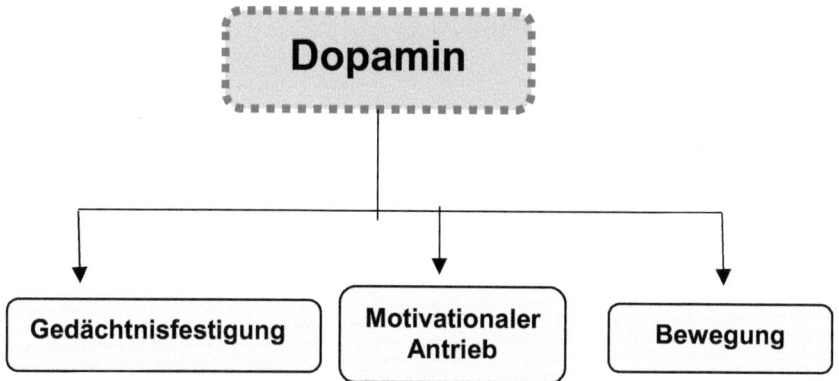

Bislang sind noch immer nicht alle Funktionen des Dopamins detailliert erforscht. Bekannt ist aber, dass das Dopamin die Befehle des Nervensystems an die Muskulatur weitergibt. Somit ist es für Bewegungen, z. B. im Sport, äußerst wichtig. Hier ist auch der Zusammenhang mit Parkinson erkennbar. Weitere Dopaminsysteme sind für Belohnung und Motivation zuständig. Hier findet sich auch die Erklärung, warum AD(H)S-Betroffene, wenn sie ihr Medikament absetzen und somit eine Entgiftung durchführen, häufig unter depressiven Verstimmungen leiden.

Wenn wir nicht unter einer Störung leiden, haben wir selbst Einfluss auf unser Belohnungssystem. Sogenannte Glückshormone können wir auch gesteuert zur Ausschüttung führen. Z. B. bei der Achterbahnfahrt. Es kann aber hier zu einer Abhängigkeit führen (z. B. die sogenannten Adrenalin-Junkies).

Unser Sympathikus besitzt hinter den Nervenknotenpunkten einige Rezeptoren, welche auf Dopamin reagieren. Daher ist es auch an der Regulierung der Durchblutung der Bauchorgane beteiligt; vor allem der Niere. Hier findet das Dopamin, wie beim AD(H)S ebenfalls, eine medizinische Anwendung. Es wird bei Schockzuständen, Hypotonie oder drohendem Nierenversagen eingesetzt.

Zum Thema AD(H)S sei noch gesagt:

**Nicht überall, wo ADS draufsteht,
ist auch ADS drin!**

Das limbische System

Wenn es um das Thema ‚Lernen' geht, möchte ich auch auf das limbische System eingehen. Welche Areale zum System gehören, ist nicht eindeutig definiert, darüber lässt sich sozusagen streiten. Auf jeden Fall gehört die Gefühlswelt dazu. Der uns inzwischen bekannte Hippocampus ist Bestandteil des limbischen Systems und auch unser „Angstzentrum" die Amygdala. Bei weiteren Teilen ist man sich ebenfalls einig, hingegen gibt es unterschiedliche Meinungen zu wiederum anderen Bereichen. Dazu gehört beispielsweise der Thalamus. Er wird auch als das ‚Tor zum Bewusstsein' bezeichnet.
An dieser Stelle ist es jedoch nicht von Bedeutung, welche Areale tatsächlich zum limbischen System gehören. Stattdessen ist es wichtig, welche Funktionen es beinhaltet. Diese sind:

→ Emotionen
→ Motivation
→ Lernen

Wir können also sagen, unserem limbischen System muss es gut gehen, damit wir erfolgreich lernen können.
Das Gehirn lernt grundsätzlich mit Emotionen deutlich besser, als wenn das Lernen emotionslos verläuft. Dabei spielt es zunächst einmal keine Rolle, um welche Emotion es sich handelt. Doch ist es für jeden nachvollziehbar, dass Angst und Trauer keine angenehmen Emotionen zum Lernen sind.
Bei der Angst wird diese in der Amygdala, als Schutzmechanismus, gespeichert. Wird nun ein Schüler in der Klausur an sein Lernen erinnert, wird auch die Angst aktiviert.
Somit entscheiden wir uns für Freude und Spaß. Hier gehen nun auch wieder die Meinungen auseinander. Es stellt sich die Frage, ob Lernen und Spaß zusammenpassen. Hierzu eine klare Antwort: Ja, das tun sie! Der Spaß bzw. die Freude beziehen sich direkt auf das Lernen und nicht auf Hilfsmittel. Es soll weder ein Clown die Vokabeln vorlesen, noch soll das Lernen mit Computerspielen vermittelt werden.
Durch das Lernen mit Emotionen vernetzt das Gehirn die neuen Informationen deutlich besser. Daher liegt es auf der Hand, dass das Lernen mit Freude nur positiv sein kann.

Dabei ist schon der Beginn des Lernens sehr emotionsabhängig. Startet ein Schüler mit schlechter Laune, gestresst und völlig lustlos, wird er deutlich länger als nötig mit dem Lernen verbringen müssen und das Abspeichern wird bei weitem nicht so effizient sein.

Zum Beginn des Lernens ist es also wichtig, in die richtige Stimmung versetzt zu sein. Mit etwas Lustigem werden Endorphine, die sogenannten Glücks-hormone, ausgeschüttet und somit positive Emotionen freigesetzt. Die En-dorphine werden im Übrigen im limbischen System ausgeschüttet.

Die Endorphine spielen auch bei der Motivation eine sehr große Rolle. Es gibt nach außen verschiedene Arten der Motivation, z. B. die der Zielsetzung oder die der positiven Konsequenz, zu denen wir später noch kommen werden.
Die Motivation sorgt für den entsprechenden Hormoncocktail. Werden zu häufig und zu viel Endorphine ausgeschüttet, wird es immer schwerer, sich für längerfristige Aufgaben zu motivieren.
Seit einigen Jahren ist festzustellen, wie immer weniger Kinder und Jugend-liche sich längerfristig für das Lernen motivieren können oder auch regelmä-ßig sich in einem Sportverein auf einen Wettkampf vorbereiten wollen.
Die Ursache finden wir im limbischen System.

Um mit Freude motiviert lernen zu können, brauchen wir ein fittes limbi-sches System. Dieses wiederum benötigt drei Dinge, um seine Arbeit zu un-serer Zufriedenheit absolvieren zu können.

1. Es benötigt eine feste Aufgabe.
Ein Gehirn, dessen Besitzer im Lotto gewonnen hat und anschließend nur faul zu Hause rumsitzt, wird bald sehr unzufrieden sein. Ebenso ein Schüler, wenn er zu lange untätig bleibt. Er wird unausgeglichen, unzufrieden, möchte aber dennoch nicht in die Schule.
2. Es benötigt Pausen.
Das limbische System möchte Auszeiten zur Regeneration.
3. Es benötigt Langeweile.
Ohne Langeweile verlieren wir die Motivation etwas zu tun. Als nächstes lässt die Konzentration nach. Die reifere Generation erinnert sich noch an die eigene Kindheit. Immer wieder ging sie mit Langeweile zu den Eltern, um zu

fragen, was sie tun könnten. Diese Phase ist absolut wichtig für das Gehirn; genauer: für das limbische System. In diesen Phasen wird sozusagen repariert, erneuert, pausiert.

In jedem Alter ist das nötig, doch gerade im Aufbau des Gehirns, also in der Pubertät hat es eine besondere Bedeutung. Leider ist wahre Langeweile kaum noch bekannt. Im Notfall überbrückt das Handy diese Gefühle der Leere.

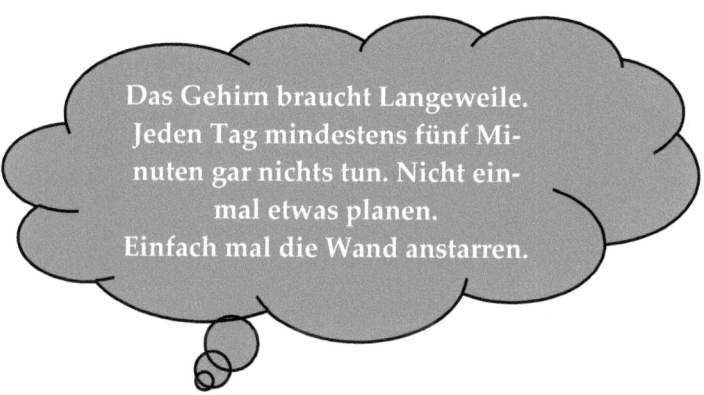

Nachdem wir einen kleinen Einstieg in das Gehirn und in die Welt der Hormone hatten, weiten wir diese Themen ein wenig weiter aus.

Wir kommen nun zu Hormonen wie Adrenalin und Cortisol, sowie zu den Folgen im Gehirn.

Sollten Sie sich eventuell fragen, wie der Inhalt der letzten Seiten umgesetzt werden kann, zum Beispiel, positive Emotionen für das Lernen zu schaffen, darf ich Sie noch ein wenig vertrösten. Gleichzeitig kann ich Ihnen versichern, dass wir im praktischen Teil darauf zurückkommen.

Doch nun zu einem wirklich entscheidenden Thema, wenn es um Dinge wie Blackout, Ängste und Blockaden geht.

Der Stress

„Ich hatte ein Blackout in der Arbeit!" Eine bekannte Aussage von Schülern. Was ist da aber passiert? Warum ist das Wissen plötzlich verschwunden, welches einen Tag vorher noch vorhanden war?

Für das bessere Verständnis folgt zunächst eine Einführung über den Stress im Allgemeinen.

Was ist Stress?

Definitionen zu ‚Stress' sind in Lexika und im Internet so einige zu finden. An den folgenden Beispielen ist zu sehen, dass sie sich alle recht ähnlich sind:

„Stress ist ein körperlicher oder emotionaler Zustand, der Spannungen verursacht und Gesundheitsstörungen zur Folge haben kann."

„Unter Stress versteht man die physiologischen und psychologischen Auswirkungen besonderer Anspannungen und Belastungen auf den Menschen."

„Ein Zustand des Organismus, der durch bestimmte körperliche Reaktionen auf unspezifische Reize ausgelöst werden kann."

An dieser Stelle möchte ich einfügen, bevor wir den Stress als unseren größten Feind ansehen, dass er das definitiv nicht ist. Im Gegenteil. Der **Stress** ist ein Teil von uns; er **ist unser Warnsystem**. Der Ausstoß von Hormonen wie Adrenalin und Noradrenalin sind für uns wichtig. Einen ungünstigen Verlauf nimmt es erst, wenn der Stress chronisch wird. Wenn der Cortisol-Spiegel ansteigt und wir über einen längeren Zeitraum den Stress nicht abbauen können.

Bevor ich weiter auf die Frage, was Stress ist, eingehe, werde ich auf die Auswirkungen eingehen. Auf verschiedenen Ebenen äußert er sich. Das bedeutet, dass sich der Stress in folgenden Bereichen bemerkbar macht: körperlich-physiologisch, kognitiv-emotional, in den Verhaltensweisen und natürlich führt er zu Erkrankungen wie Krebs und Burn-Out.

Die folgenden Punkte sind lediglich Beispiele. In jedem Bereich gibt es weitere Punkte. Aber auch hier geht es nur um das Bewusstmachen. Dabei bin ich mir sicher, dass jeder Leser gleich mit mehreren Punkten bereits Bekanntschaft geschlossen hat.

1. körperlich-physiologisch

> ➢ Beschleunigung von Herzfrequenz und Atmung
> ➢ Anstieg des Blutdrucks oder Absacken des Blutdrucks bis zum Kollaps
> ➢ Verringerung der Immunabwehr
> ➢ Verspannungen in der Muskulatur (vorwiegend Hals-Nacken)
> ➢ Vermehrte Schweißbildung
> ➢ Hemmung von Magen-Darm- und Sexualfunktionen

2. kognitiv-emotional

> ➢ Konzentrationsschwäche
> ➢ Angst, Nervosität
> ➢ Überempfindlichkeit, Gereiztheit
> ➢ Unsicherheit, Kontrollverlust
> ➢ depressive Verstimmung
> ➢ Einengung der Wahrnehmung („Tunnelblick")

3. Verhaltensweisen

- ➤ sozialer Rückzug
- ➤ gereiztes, u. U. aggressives Verhalten
- ➤ Meiden der stressauslösenden Situation

Die Zivilisationskrankheit ‚Stress' kann auch zu Folgendem führen:

- ➤ Burnout
- ➤ Gewichtszunahme
- ➤ Ängsten
- ➤ Beziehungsproblemen
- ➤ Krebs, Herzkrankheiten, Rückenleiden
- ➤ u. v. a.

Wie bereits gesagt, jeder kennt einige dieser Punkte.
Doch nun zurück zu der eigentlichen Frage, was Stress überhaupt ist.

Die Antwort ist im Grunde ganz einfach.

Stress im ursprünglichen Sinne ist
ein Reaktionsmuster des Menschen!

Wir reagieren auf Gegebenheiten!
Und das seit mehreren tausend Jahren!
Und es hat – früher mal – funktioniert!

Das Reaktionsmuster, welches vor Jahrtausenden von der Evolution einge-
richtet wurde, arbeitet heute nach wie vor auf die gleiche Weise. Jedoch haben wir unsere eigene Evolution errichtet. Mit dem Fortschritt von Auto,

Computer und Handy kam der Rückschritt für unser Alarmsystem. Mit anderen Worten: die Evolution ist schlichtweg zu langsam im Vergleich zu der von uns losgetretenen Entwicklung.

In der Vergangenheit galt Stress als eine Art Vorbereitung auf Kampf oder Flucht im Falle eines Angriffs auf Leib und Leben.

Dieses Stressreaktionsmuster bestand aus drei Phasen:

1. **Alarmphase** (Beschleunigung von Herzschlag und Atmung; Anspannung der Muskulatur)
2. **Handlungsphase** (Angriff oder Flucht → Bewältigung der Situation)
3. **Erholungsphase** (Ausruhen, Regeneration, Auffüllen der Energiespeicher)

In unserer heutigen Gesellschaft ist es nicht mehr möglich, mit Angriff oder Flucht auf Stress zu reagieren; auch fehlen Erholung und Regeneration.

Vor 20 000 Jahren standen wir vor dem Mammut und hatten lediglich zwei Möglichkeiten: „Draufhauen" oder „weglaufen". Dass für diese kurze Dauer der Anspannung keine Verdauung stattfand, war unwichtig. Ebenso brauchten wir keine Energie im Kopf. Und einiges andere mehr wurde ebenfalls nicht benötigt. Unsere Reaktion war reiner Instinkt:
Kleines Mammut – draufhauen.
Großes Mammut – weglaufen.

Nach der Alarmphase beruhigt sich alles wieder und alles beginnt sich wieder zu normalisieren. Die Verdauung setzt wieder ein, wir können auf unser Gehirn zugreifen, usw.
In der heutigen Zeit ist der Ablauf der gleiche. Nur stehen wir nicht vor einem Mammut. Zudem sollten wir nicht nur aus Instinkt handeln. Wenn ein Schüler vom Lehrer aufgefordert wird, eine Aufgabe an der Tafel zu lösen,

sollte er weder auf den Lehrer draufhauen noch sollte er das Weite suchen. Unsere Stresssituationen haben sich vervielfältigt. Ebenso unsere Lösungsmöglichkeiten: bei einem Streit können wir natürlich auch draufhauen und weglaufen, aber wir haben auch weitere Fähigkeiten. Wir greifen zum Handy und rufen uns Unterstützung, wir können diskutieren usw.

So zumindest ist die Theorie.

Jeder kennt die Situation eines Streitgesprächs. Nach dem Streit ärgern wir uns, dass wir nicht dieses oder jenes Argument gebracht haben oder warum wir nicht so oder so reagiert haben. Es war uns schlichtweg nicht möglich. Der Stress hat unser Gehirn runtergefahren, um die Energie dahin zu schaffen, wo wir sie für den Mammut benötigt haben: in die Arme (draufhauen) und Beine (weglaufen).

So geht es auch dem Schüler. Der klassische Blackout ist nichts anderes als eine Stressphase. Die Füße wippen, die Hände spielen mit dem Stift, klopfen auf den Tisch oder fuchteln herum und das Gehirn ist in einen vorübergehenden Dornröschenschlaf verfallen.

Diesen gilt es zu unterbrechen, indem wiederum der Stresskreislauf unterbrochen wird.

Zum Verständnis eine grobe Wiederholung des Kreislaufes:

- ➢ Stressor (z. B. Klassenarbeit)
- ➢ Adrenalinausschüttung
- ➢ Brustatmung, um mehr Sauerstoff aufzunehmen
- ➢ Beschleunigung des Herzschlages, um den Sauerstoff mit dem Blut transportieren zu können
- ➢ Blutgefäße verengen sich, für den schnelleren Transport
- ➢ Energierücknahme in den nicht benötigten Arealen (z. B. Gehirn, Magen-Darm-Trakt)
- ➢ Bereitschaft für Angriff oder Flucht

Nun stellt sich die Frage, wo ein Schüler in den Kreislauf eindringen kann. Es ist natürlich ganz offensichtlich, da er weder seine Blutgefäße erweitern noch seinen Herzschlag bremsen kann.

Er bremst über die Atmung. Eine bewusste und tiefe Bauchatmung wird den Kreislauf unterbrechen. Das signalisiert dem Gehirn, dass es sich um einen Fehlalarm gehandelt haben muss. Die Adrenalinausschüttung wird gebremst und somit alle weiteren Stresssymptome. Zur Atmung kommen wir gleich noch einmal zurück.

Zurück zu den einzelnen Phasen.
Unter Stress verstehen wir also nur noch die „Alarmphase". Eine zweite oder gar dritte Phase existiert für uns nur noch in geringerem Umfang. Dabei müsste Stress nicht nur Negatives bedeuten. U. a. werden das Herz und die Lunge trainiert; dafür ist es aber unumgänglich, für einen erholsamen Ausgleich zu sorgen.

Diese Erläuterungen lassen uns gleich zur nächsten Frage kommen. Denn wenn uns die gerade wichtige dritte Phase fehlt, sollte hinterfragt werden, wohin der Stress uns führt.

Also, wohin führt Stress?

Über das Zusammenspiel von Sympathikus und Parasympathikus im Bereich des vegetativen Nervensystems werden die Bereitstellung und Hemmung von Energie über die Stresshormone geregelt. Diese Hormone sind im Einzelnen: Adrenalin, Noradrenalin und ACTH (AdrenoCorticoTropes Hormon)

Das Adrenalin ist ein Hormon des Nebennierenmarks und wird direkt in das Blut abgegeben. Es erhöht die Herzleistung, steigert den Blutdruck und erhöht den Zuckergehalt und den Grundumsatz.

Das Noradrenalin ist ebenfalls ein Hormon des Nebennierenmarks. Des Weiteren kommt es in vegetativen Zentren des Hirnstamms vor. Es erhöht durch Gefäßverengung den Blutdruck und beeinflusst in gewissem Umfang die Psyche des Menschen positiv.

Das ACTH ist ein Hormon der Hirnanhangsdrüse. Es reguliert die Tätigkeit der Nebennierenrinde, indem es die Produktion der Glucocorticoide (steuern

Stoffwechselphasen wie Schlaf-Wach-Rhythmus) anregt. ACTH beeinflusst u. a. die Produktion von körpereigenem Kortison.

Bekannt sind Süchte wie die Spielsucht, Fernsehsucht u. v. m. Auch Extremsportler sprechen von Sucht, wenn sie ihrem sportlichen Hobby nachgehen. Dafür ist nun das Adrenalin verantwortlich. Genauso ist es beim Stress. Stress kann zu einer Sucht werden, der man sich schwer entziehen kann.
Bei langfristig andauerndem Stress kann die Stressreaktion eine gefährliche Ebene erreichen. Das Hormon Cortisol (Nebennierenrinde) wird freigesetzt, um eine längerfristige Anpassung an die Stresssituation zu erleichtern. Cortisol-Erhöhungen führen zum sogenannten Cushing-Syndrom (körperliche Veränderungen), das durch Stammfettsucht, Mondgesicht und Elektrolytstörungen gekennzeichnet ist.
Ohne Abbau der Stresshormone sind schwere Erkrankungen die Folge: psychische Störungen, wie schwere Schlafstörungen und starke Depressionen, die bis zum Selbstmord führen können. Körperliche (psychosomatische) Folgen sind starke Kopfschmerzen, die Migräne gleichen, Erbrechen und Herz- und Kreislauferkrankungen, welche zum Tode führen können.

Im Grunde ist zwischenzeitlich der positive Stress erkannt. Wir wissen nun, dass bei Stress der Hormonstoff Adrenalin ausgeschüttet wird. Dieses geschieht beispielsweise auch in Extremsituationen, die uns Freude bereiten können – z. B. beim Achterbahnfahren. Während nun der negative Stress (Dis-Stress) mit nachteiligen physischen und psychischen Folgen verbunden ist, ist der positive Eu-Stress mit Glück und Freude in Verbindung zu bringen.
Eu-Stress-Erfahrungen sind vor allem bei Aktivitäten zu sammeln, die gerne ausgeführt werden. Sei es im sportlichen Wettkampf oder aber auch im Beruf. Eu-Stress kann Glück und Freude verursachen. In gewissen Mengen ist Eu-Stress nicht nur unschädlich, sondern gar gesund, da die Herztätigkeit angeregt wird und Glückshormone ausgeschüttet werden.

ABER:

Negativer Stress ist mit positivem Stress nicht auszugleichen!

Stress bedeutet heute im Grunde immer eine Bedrohung für den Körper. Es ist schwer für jeden einzelnen einzuschätzen, wie viel „positiver" Stress gesund ist. Schließlich wird bei jeder Begeisterung Adrenalin freigesetzt. Nicht umsonst gibt es den Begriff „Adrenalin-Junkie".

Auf den positiven Stress werde ich nicht mehr zurückkommen – das Augenmerk liegt auf dem negativen und wie wir ihm Herr werden können.

An dieser Stelle soll noch einmal ausdrücklich betont sein, dass ...

Chronischer Stress äußerst ungesund ist. Dabei wird Cortisol ausgeschüttet und bei länger anhaltendem Stress steigt der Cortisol-Spiegel ständig und wird kaum noch abgebaut.

Zum Cortisol werde ich später das ein oder andere Mal erneut kommen.

Wenn ich über den Stress spreche, gilt es natürlich auch über die Erholung zu berichten. Erholung, Entspannung, Regeneration – Begriffe, die viel beinhalten, aber in Stresssituationen oftmals fremd erscheinen.
Davon ausgehend, dass Ihnen bekannt ist, was Erholung respektive Entspannung ist, möchte ich gleich zu der Frage übergehen, wie Entspannung überhaupt wirkt.

Wie wirkt Entspannung?

Entspannung wirkt im vegetativen Nervensystem des Menschen (vgl. mit der Frage, wohin Stress führt). Das vegetative Nervensystem besteht aus Sympathikus (Spannungsnerv) und Parasympathikus (Entspannungsnerv), zwei Antagonisten, deren harmonisches Zusammenspiel entscheidend ist, um unwillkürliche Bewegungen (Reflexe) und die Hormonausschüttung abzustimmen. Der Sympathikus ist jener Nerv, der aktive Lebensvorgänge einleitet, die unter Energieverbrauch ablaufen. Er wird von der Hypophyse aktiviert und überwiegt deshalb in Stresssituationen.

Ziele von Entspannungsübungen

- zunehmende Gelassenheit und innere Ruhe
- Wiedergewinnung von Körperbewusstsein
- Reduktion von körperlichen Verspannungen
- Stärkung des Selbstbewusstseins
- Ausgleich nervöser Reizbarkeit
- Allgemeine Gesundheitsprophylaxe

Körperliche Wirkungen von Entspannungsübungen

- Schweregefühl
- Wärmegefühl
- Gelassenheit
- Leichtigkeit
- Behaglichkeit
- Positives Verhalten allgemein

Physische Wirkungen von Entspannungsübungen

- Abnahme der Muskelspannung
- Zunahme des Hautwiderstandes
- Erhöhte Durchblutung (auch der inneren Organe)
- Steigende Körpertemperatur
- Senkung der Herzfrequenz
- Regulation des Blutdrucks
- Langsamere, tiefere Atmung
- Verstärkte Magen-/Darmtätigkeit
- Ruhigere Hirnaktivität (schlafähnlich)

Wie nun bewusst gemacht, benötigen Stressphasen oder auch „Beanspruchungsphasen" Erholungsphasen, um nicht zu krankhaften Prozessen zu führen.
Diese Erholungsphasen bestehen aus der Distanzierung, Regeneration und der Orientierung.

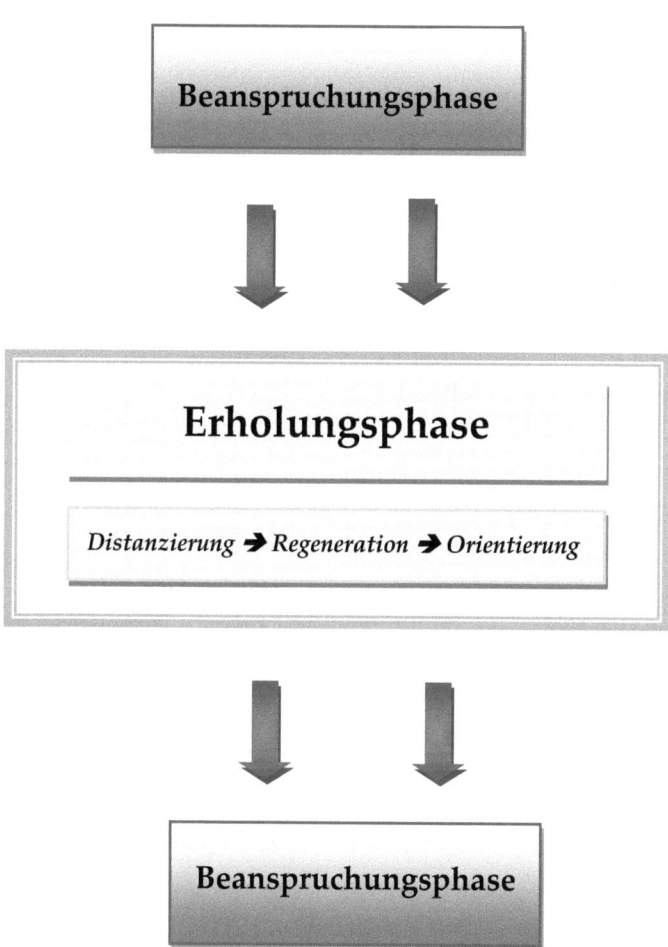

In der **Distanzierungsphase** geht es darum, den nötigen Abstand von der Beanspruchung zu erreichen. Physisch heißt das, dass eine Reduzierung des Aktivierungsniveaus stattfindet. Für den kognitiven Bereich bedeutet es ein Abschalten bzw. eine Umorientierung der Gedanken und emotional heißt es, dass eine Bedeutungsverschiebung in Richtung Entspannung stattfindet.

In der **Regenerationsphase** entspannt sich das Muskelsystem; die Anspannung lässt nach. Die Energiespeicher werden wieder aufgefüllt; die physischen Funktionen regenerieren sich. Die Gedanken ordnen und zentrieren sich neu. Emotional gesehen stellt sie die Ausgeglichenheit dar.

In der **Orientierungsphase** findet die Vorbereitung auf die nächste Beanspruchungsphase statt. Die neuen Energien werden bereitgestellt, die physischen Funktionen voraktiviert. Die Gedanken stimmen sich auf die bevorstehende Phase ein; emotional entfalten sich Vorfreude auf das Bevorstehende; vorausgesetzt, die Regenerationsphase ist optimal verlaufen.

Nachdem der Stress wie auch die Erholung etwas durchleuchtet wurden, komme ich an dieser Stelle zu einer Unterteilung des negativen Stresses. Diesen unterteile ich in drei Bereiche:

1. der Ur-Stress
2. der VorBe-Stress
3. der Gegenwarts-Stress

Hauptthema der folgenden Seiten wird der Gegenwarts-Stress sein. Auf die anderen beiden Arten möchte ich dennoch eingehen, um auch aufzuzeigen, dass Stress auch ganz andere Quellen haben kann.

Um den Ur-Stress zu erläutern, stellen sich zunächst die Fragen nach dem ICH.

Wie entsteht das ICH?

Aus welchen Teilen und zu viel Prozent jeweils entsteht das ICH?

Das ICH ist als das Ego des Menschen zu bezeichnen. Was ihn in seiner Persönlichkeit ausmacht, seinen Charakter und sein soziales Verhalten in der Gesellschaft.

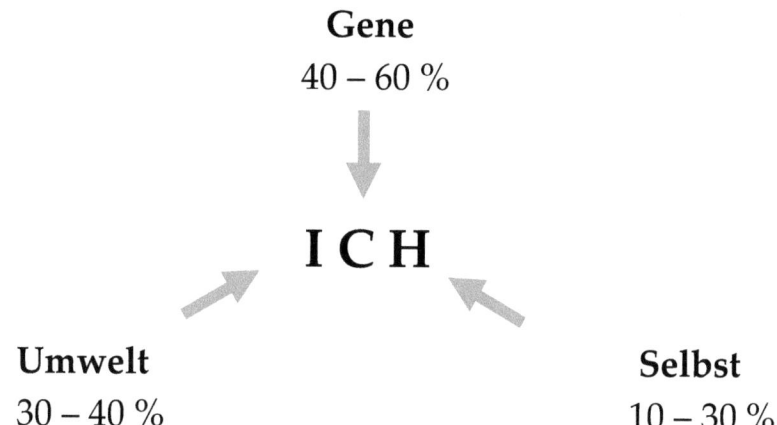

Gene
40 – 60 %

I C H

Umwelt
30 – 40 %

Selbst
10 – 30 %

Die genauen Werte sind nicht auszumachen. Es liegen verschiedene Schätzungen bzw. Aussagen, u. a. von Wissenschaftlern, vor, aber fest bestimmen lassen sie sich nicht, vor allem nicht, da wir eines nie vergessen dürfen: wir sind Individuen! Diese Rechnung muss so nicht aufgehen, geschweige denn, dass sie auf alle Personen zutreffend ist.

Die einzelnen Bereiche sind wie folgt zu verstehen:
Die 40 – 60 Prozent der Gene sind jener Teil eines Menschen, den er von seinen Eltern (Vorfahren) als Erbgut, Veranlagung und Erziehung mit auf den Weg bekommt. Heißt, dass „Gene" in diesem Fall nicht nur wörtlich zu nehmen ist. Die Erziehung spielt eine große Rolle, gerade wenn es um Stress und Stressprävention geht; darauf werde ich zu einem späteren Zeitpunkt sehr ausführlich eingehen.
Im Grunde könnten für Gene auch andere Begriffe wie Elternhaus oder Familie stehen.
Die 30 – 40 Prozent der Umwelt sind vorwiegend die Einflüsse aus Kindergarten, Schule, Freundeskreis usw. In der heutigen Zeit vor allem in einem Bereich sehr auffallend – bei den verbalen „Ausfällen". Häufig hören wir Schimpfwörter und schnell ist mal gesagt, dass sie das aus der Schule mitgebracht haben.
Die 10 – 30 Prozent machen das ICH besonders spannend und interessant. Eltern können ihr Kind einsperren, damit es nicht mit seiner Umwelt in

Verbindung treten kann. Sie können ihr Kind perfekt erziehen. Dennoch ist das „Produkt Kind" nicht im Detail planbar. Es gibt kein Designerkind. Jeder Mensch, und so auch jedes Kind, hat etwas Eigenes, das er schon von Geburt an mitbringt. Dieses Eigene ist nicht von Genen oder der Umwelt beeinflussbar. Dieser Teil des Menschen, auch wenn es nur ein äußerst kleiner Teil ist, kann positiv, also gut, wie auch negativ (bösartig) sein.

Weder ein behütetes noch ein vernachlässigtes Kind, bietet Gewähr dafür, dass es im Leben einen glücklichen und verträglichen Weg, bzw. einen holprigen oder sogar straffälligen Weg gehen wird.

Um nun zu unserem Ur-Stress zurückzukehren, brauchen wir einen der drei Teile – die Gene. In diesem Fall tatsächlich die Gene im ursprünglichen Sinn.

Ein Mensch kann Schlimmes erlitten haben und behält dieses für sich. Er bekommt Kinder und Enkelkinder und schließlich stirbt er. Für ihn persönlich wohl undenkbar, aber doch hat er seinem Enkelkind unter Umständen etwas vermacht: Auswirkungen. Auswirkungen auf das Leiden, welches er vor zig Jahren ertragen musste. Als extremes Beispiel gilt hier der Krieg. Kriegserlebnisse gehören zu den ärgsten negativen Erlebnissen, die einem Menschen widerfahren können. Derart schlimme Ereignisse, in denen man den Tod vor Augen hatte, das Hungern womöglich kennen lernte oder gar selbst jemanden töten musste, sind zu späteren Zeitpunkten nicht aufzuarbeiten. Lediglich der Umgang mit dem Erlebten ist möglich, nicht aber das eigentliche Muss – das Verarbeiten.

Im Unterbewusstsein setzt sich dieser Schock fest und verursacht Ängste, Schmerzen, eben Stress. Er ist im Körper verankert und wird mit den Genen an die nächste Generation weitergegeben. Womöglich leidet das Kind oder Enkelkind unter irgendwelchen körperlichen oder psychischen Stresssymptomen und die Ursache ist nicht auffindbar. Wer käme schon auf den Gedanken, dass die Ursache gar nicht im eigenen Leben zu finden ist?

Bestes Beispiel für solche „Schauergeschichten", die jedoch nicht als Geschichten abgetan werden sollten, ist die Theorie, dass …

... ADHS (Aufmerksamkeits-Defizit-Syndrom mit Hyperaktivität) eine Folgeerscheinung bei Kindern ist, deren Großväter oder Väter im Kriegseinsatz waren.

Ich möchte Ihnen ein Beispiel geben, in dem der Name abgeändert wurde.

Herr Mustermann, mittleren Alters, leidet unter Depressionen. Im Kindes- und Jugendalter litt er in der Schule unter ADS-Symptomen, die zur damaligen Zeit nicht erkannt wurden. Offensichtliche Gründe bzw. Ursachen sind nicht zu erkennen. Es sei noch erwähnt, dass er stets eine innere Ablehnung gegen Frankreich hatte. Weder die Sprache noch das Land lagen ihm.
Schauen wir nun in seine persönliche Geschichte, die er so ausführlich erst nach seinem 30. Lebensjahr in Erfahrung bringen konnte.

Sein Ururgroßvater kämpfte 1870/71 im Krieg gegen Frankreich an der Front. Sein Urgroßvater kämpfte im Ersten Weltkrieg an der Front (Ort nicht bekannt)
Sein Großvater kämpfte im Zweiten Weltkrieg an der Front gegen Frankreich.

Es mögen Zufälle sein. Aber sind sie es wirklich?
An dieser Stelle möchte ich deutlich darauf hinweisen, dass das Spekulationen ohne klare Nachweise sind. Diese fehlen bislang.

Die zweite Art von Stress, auf die ich nur kurz eingehen möchte, nenne ich den VorBe-Stress. Es steht für Vorbewusstseins-Stress.
Unser Bewusstsein setzt im Alter zwischen drei und vier Jahren ein. Heißt, unsere ersten Erinnerungen liegen im genannten Zeitraum. Wenn es auch nur einige Bilder sind und häufig die Zusammenhänge noch fehlen, so ist das Bewusstsein doch aktiv geworden. Wir erinnern uns somit an den Fahrradunfall mit fünf, das tolle Weihnachtsfest mit sechs und an unsere Einschulung. Was aber ist mit den Ereignissen, die davor erlebt worden sind? Sind sie einfach in Vergessenheit geraten? Müsste ich an dieser Stelle diplomatisch antworten, so würde ich sagen: jein.
Es ist in unserem Bewusstsein nicht in Vergessenheit geraten, es war dort gar nicht erst drin – es aktivierte sich erst später. Aber wir speichern nicht nur

mit unserem Bewusstsein ab. Unser Unterbewusstsein merkt sich alles. Nichts kann sich ihm entziehen.

Wir haben neben unserem Gehirn und unserem bewussten Erinnerungsvermögen eine weitere „Festplatte". Das Unterbewusstsein – ab der Inkarnation ist es aktiv. Von Beginn an, also ab der Schwangerschaft, wird vom Unterbewusstsein alles abgespeichert, obwohl das Bewusstsein und somit das Erinnerungsvermögen erst zwischen dem dritten und vierten Lebensjahr einsetzt.

Das Wissen des Unterbewussten ist über die Hypnose oder über die Kinesiologie in Erfahrung zu bringen.

Der Stress, der uns allen als erstes in den Sinn kommt, ist der Gegenwartsstress.
Als Verursacher allen bekannt ist: Zeitdruck, Lärm, Beziehungsärger, Überforderung, Schlafstörungen, und, und, und …

Hinzu kommen individuelle Stressoren wie Phobien, Ängste oder Eigenschaften, die gewisse Dinge stören lassen, was andere Personen gar nicht bemerken. Diese individuellen Stressoren gehören weniger hier her, da sie lediglich erklärt werden können. Ein Angehen ist hier nicht möglich, da sie, wie der Name es schon sagt, individuell angegangen werden müssen.

Seit einigen Jahrzehnten ist der Hauptstress – innerhalb des Gegenwarts-Stresses – die Informationsflut für das Gehirn.
Zu viele Informationen überlasten den ‚Prozessor' und der Arbeitsspeicher kommt nicht mehr nach.

Sie können erkennen, dass das ICH von äußeren Einflüssen formbar ist. Das beinhaltet auch die Stressresistenz eines Kindes. Hilfreich sind da beispielsweise die festen Strukturen.
Ich bin auf Erinnerungen eingegangen. Erinnerungen, an welche wir uns tatsächlich erinnern und jene, die lediglich im Unterbewusstsein abgespeichert wurden.

Mit den Erinnerungen ist das so eine Sache. Früher ist man davon ausgegangen, es gäbe im Gehirn einen Bereich, der für Erinnerungen zuständig sei. Inzwischen wissen wir es besser. Aus verschiedenen Bereichen des Gehirns werden Teile von Erinnerungen zusammengesetzt. Letztendlich bietet uns unser Gehirn, also unserem Bewusstsein, eine Erinnerung mit Bildern und Sinneseindrücken. Dabei täuscht uns das Gehirn ganz gewaltig. Während ein Areal sich zu 80% erinnert, kommen aus dem nächsten vielleicht 90% und wieder ein anderes steuert 70% bei. Um eine komplette Geschichte liefern zu können, wird der Rest aus anderen Erinnerungen, Filmen, Gehörten bis hin zu eigenen Fantasien hinzugefügt.
Je häufiger wir über die Erinnerung sprechen, umso mehr wird sie verfälscht. Es mag kaum zu glauben sein, aber Erinnerungen, beispielsweise an einen Urlaub vor 15 Jahren, entsprechen bis zu 40% nicht der Realität.

Das folgende Kapitel ist ein wenig komplex, da es gleich mehrere Bereiche mit einbezieht. Warum diese Bereiche alle angesprochen werden, haben einen einfachen Grund: sie bilden die Basis für das Verstehen des Zusammenspiels zwischen Körper und Gehirn; oder anders: zwischen Herz und Kopf. Warum ist das wichtig? Ganz einfach! Am Ende ist es einfacher nachzuvollziehen, warum der Blackout ein Blackout ist und wie ein Schüler wieder auf sein Wissen zugreifen kann.

Das Nervensystem

Die Aufgaben des Nervensystems beim Menschen sind sehr vielseitig: es nimmt Reize auf, leitet sie weiter, verarbeitet sie und sendet auch Reize aus. Es gibt verschiedene Untergliederungen beim Nervensystem.

Das **zentrale Nervensystem** besteht aus Gehirn und Rückenmark. Es koordiniert Bewegungen, die teilweise willkürlich sind, und es reguliert dabei alle ablaufenden innerorganismischen Abstimmungsvorgänge.

Alle Organe unseres Körpers sind durch das Nervensystem miteinander verbunden. Hierdurch werden alle Organe funktionell in Gleichklang gebracht bzw. harmonisch aufeinander abgestimmt.

Die vielen Milliarden Nervenzellen sind die Voraussetzung dafür, dass wir denken, handeln, fühlen und miteinander kommunizieren können. Jede Nervenzelle hat viele Seitenarme, die Impulse an andere Zellen weitergeben. Die Impulse übermitteln Informationen wie beispielsweise Schmerzen, Hunger, Töne, Geruch oder Hitze.

Insgesamt ist das Nervensystem aus lebenswichtigen und extrem empfindlichen Teilsystemen zusammengesetzt. Schädigungen des Systems sind in der Regel nicht reparabel, da sich Nervenzellen im Gegensatz zu anderen Zellen (Blut- oder Hautzellen) nicht neu bilden können. Deshalb sind die Organe des Nervensystems gut geschützt – das Gehirn liegt in der Hirnschale, das Rückenmark im Wirbelkanal.

Das Nervensystem wird in das **animale** oder **willkürliche** und das **autonome** oder **vegetative Nervensystem** unterteilt.
Das animale Nervensystem reagiert auf Sinneseindrücke. Es ist der Willkür unterworfen und dient somit der Auseinandersetzung mit der Umwelt.
Das autonome Nervensystem stimmt die Funktionen der inneren Organe aufeinander ab.

Hier müssen wir wieder eine Unterteilung vornehmen:

Das motorische System im animalen Nervensystem steuert die ‚willkürliche' Muskeltätigkeit.
Das sensorische System im animalen Nervensystem nimmt Signale der Sinnesorgane auf und leitet sie weiter, bzw. verarbeitet sie.

Abgrenzen vom senso-motorischen Nervensystem lässt sich das autonome (vegetative) Nervensystem, welches im Wesentlichen Steuerungsvorgänge innerhalb des Organismus regelt.

Sympathikus und Parasympathikus des vegetativen Nervensystems wiederum stimmen die unwillkürlichen Reaktionen des Körpers im Gegen- und Wechselspiel miteinander und aufeinander ab.

Die Aktivierung der Körperfunktionen durch den Sympathikus versetzt den Körper in einen erhöhten Aktivitätszustand, so dass dieser auch unter extremen Belastungen angemessen reagieren kann. Das Herz kann z. B. schneller schlagen, der Körper kann sich schneller bewegen, auch durch die bessere Durchblutung der Muskulatur. Zusätzliche Energie wird gewonnen, indem der Magen und der Darm vermindert arbeiten.

Der Parasympathikus sorgt dafür, dass sich die Organe nach einem erhöhten Aktivitätszustand erholen und wieder aufbauen oder anders ausgedrückt: Er bremst die Arbeit und den Stoffverbrauch und sorgt für die Aufnahme und Speicherung von Nährstoffen, kurzum, er sorgt für potentielle Energie.

Während einer Belastung nimmt die Aktivität des Sympathikus zu; im Schlaf nimmt sie ab. Voraussetzung für das Einsetzen dieser reflektorischen Aktivität ist die Erregung des im Rückenmark, im Mittelhirn oder Stammhirn gelegenen Nervenzentrums des entsprechenden Organs durch entsprechende physikalische, chemische oder hormonelle Reize. Die Aktivität dieser Zentren wird wiederum durch übergeordnete Nervenzentren im Großhirn kontrolliert. Die Erregung verursacht die Freisetzung chemischer Signalstoffe wie Adrenalin.

Auf den folgenden Seiten sehen Sie die Darstellung der einzelnen Funktionen des sympathischen und des parasympathischen Nervensystems.

Das vegetative Nervensystem

Funktionen des Sympathikus

Auge
- Erweiterung der Pupille
- Erweiterung der Lidspalte

Herz
- Zunahme des Herzminutenvolumens
- Anstieg der Herzfrequenz
- Beschleunigung der Reizüberleitung
- Verbesserung der Kontraktionskraft
- Herabsetzung der Reizschwelle

Blutgefäße
- Steigerung der Durchblutung aktiver Muskeln
- Zunahme der Herz- und Lungen-durchblutung
- Verminderung der Durchblutung des Verdauungssystems

Blut
- Zunahme der Anzahl roter Blutkörperchen
- Entleerung des Blutreservoirs

Atmung
- Reizverstärkung des Atemzentrums
- Erweiterung der Bronchien
- Zunahme des Atemminutenvolumens
- Steigerung der Lungendurchblutung

Verdauungssystem
- Abnahme des Speichelflusses
- Erschlaffen der Speiseröhre
- Verschließen des Mageneingangs
- Tonusabfall der Magenmuskulatur
- Hemmung der Magenperistaltik
- Verminderung der Magendrüsensekretion
- Verschließen des Magenausgangs
- Tonusabfall der Dünn- und Dickdarmmuskulatur
- Hemmung der Darmperistaltik

Funktionen des Parasympathikus

Auge
- Verengung der Pupille
- Verengung der Lidspalte

Herz
- Verminderung des Herzminutenvolumens
- Abfall der Herzfrequenz
- Verlangsamung der Reizüberleitung
- Verminderung der Kontraktionskraft
- Erhöhung der Reizschwelle

Blutgefäße
- Verminderung der Durchblutung in aktiver Muskeln
- Verminderung der Herz- und Lungendurchblutung
- Steigerung der Haut- und Schleimhautdurchblutung

Blut
- Rückgang der Anzahl roter Blutkörperchen
- Auffüllung des Blutreservoirs

Atmung
- Reizverringerung des Atemzentrums
- Kontraktion der Bronchien
- Verringerung des Atemminutenvolumens
- Abnahme der Lungendurchblutung

Verdauungssystem
- Zunahme des Speichelflusses
- Kontraktion der Speiseröhre
- Öffnung des Mageneingangs
- Tonussteigerung der Magenmuskulatur
- Aktivierung der Peristaltik
- Vermehrung der Magendrüsensekretion
- Öffnung des Magenausgangs, Tonussteigerung der Dünn- und Dickdarmmuskulatur
- Aktivierung der Darmperistaltik

Das vegetative Nervensystem	
Funktionen des Sympathikus	**Funktionen des Parasympathikus**
Bauchspeicheldrüse - Verminderung der Insulinsekretion - Verringerung der Pankreassaftsekretion - Erhöhung der Adrenalinsekretion	**Bauspeicheldrüse** - Aktivierung der Insulinsekretion - Steigerung der Pankreassaftsekretion
Schilddrüse - Steigerung der Produktion und Sekretion von Schilddrüsenhormonen	**Nebenniere** - Verminderung der Adrenalinsekretion - Verringerung der Produktion und Sekretion von Schilddrüsenhormon
Blase - Harnretention (Harnverhaltung) - Hemmung der Harnblasenmuskulatur - Aktivierung des Blasenschließmuskels	**Blase** - Entleerung - Aktivierung der Harnblasenmuskulatur - Hemmung des Blasenschließmuskels
Geschlechtsorgane - Gefäßverengung	**Geschlechtsorgane** - Gefäßerweiterung und Erektion
Stoffwechsel - Erhöhung der Stoffwechselaktivität - Anstieg der Körpertemperatur - Vermehrter Eiweißabbau - Ansteigen des Blutzuckerspiegels - Tendenz zu Reaktionen des Blutes und der Gewebeflüssigkeiten (Azidose)	**Stoffwechsel** - Verminderung der Stoffwechselaktivität - Absinken der Körpertemperatur - Verminderung des Eiweißabbaus - Senken des Blutzuckerspiegels - Tendenz zu Störungen im Säure-Basen-Haushalt (Alkalose)

Da wir eine psychophysische Einheit sind und der Körper nicht zwischen körperlichen und seelischen Belastungssituationen unterscheiden kann, wird bei jeder seelischen Alarmsituation auch der Körper beeinflusst bzw. aktiviert.

Energien werden aufgebaut, die nicht gebraucht werden, und bei länger andauernder Aktivierung kann der Organismus geschädigt werden.

Das Gleichgewicht des vegetativen Nervensystems wird im Verlauf der Übung zugunsten des Parasympathikus verändert, d. h. der parasympathische Anteil im vegetativen Nervensystem überwiegt und sicher können wir uns nun alle vorstellen, dass so eine sensible Steuerung störanfällig sein kann.

Zum Thema Stress, auch Schulstress, gehört auch das Herz dazu. Daher möchte ich auch dieses Organ ansprechen, da auch ein Schüler mit entsprechendem Wissen vorbeugen kann.

Das Herz

Funktionell betrachtet ist das Herz ein Hohlmuskel mit vier Kammern, zwei Herzkammern und zwei Vorhöfen mit einer Pumpfunktion. Diese ,Pumpe' befördert das Blut in den ganzen Körper. Je nach Bedarf kann es die Pumpleistung steigern und ein Vielfaches der normalen Menge transportieren.
Das Blut verteilt sich auf zwei Kreisläufe: den kleinen Lungenkreislauf und den großen Körperkreislauf.

Das Herz hat eine Länge von 12 bis 15cm und eine Breite von 9,5 bis 10,5cm. Sein Gewicht beträgt durchschnittlich 300g. Je nach Geschlecht und Größe kann es 0,6 bis zu 1,0 Liter Blut aufnehmen.
Das Herzminutenvolumen, das Blut, welches innerhalb einer Minute vom Herz in den Kreislauf gepumpt wird, beträgt 4,5 – 5,0 Liter. Unter Belastung steigert sich das Herzminutenvolumen auf bis zu 30 Liter.

Sportliches Training erhöht die Kraft des Herzmuskels. Das sogenannte Sportlerherz sorgt dafür, dass die Herzmuskelfasern an Länge und Dicke zunehmen. D. h. das Herz wird größer und sein Gewicht steigt bis auf 500g an.

Die Lage des Herzens ist im Brustraum vor der Luft- und der Speiseröhre und hinter dem Brustbein. Seine Form ist in etwa ein abgestumpfter Kegel, dessen Spitze die Rippen des linken Brustkorbes trifft und dem Zwerchfell aufliegt. Ungefähr ein Drittel des Herzens befindet sich links, die restlichen zwei Drittel rechts der Mitte des Brustkorbs.

Der Blutdruck

Der Blutdruck ist der Druck des Blutes in einem Blutgefäß. Bei seiner Messung erhält man ein Zahlenpaar. Der höhere Wert wird systolischer Druck und der niedrigere Wert wird diastolischer Druck genannt. Die Normalwerte sind wie folgt: Diastolischer Wert 60 – 85mmHg; Systolischer Wert 100 – 130mmHg)
(mmHg = Millimeter in Quecksilbersäule)
Geregelt wird der Blutdruck durch ein Netzwerk aus Nerven, Hormonen und Gehirnstrukturen.

Über die Suggestionen des Autogenen Trainings lässt sich positiver Einfluss auf den Blutdruck nehmen. Die Auswirkungen bei einem zu niedrigen (Hypotonie) oder einem zu hohen Blutdruck (Hypertonie) sind sehr groß. Jeder vierte Bundesbürger ist von einer Hypertonie betroffen. Durch Übergewicht steigt der Blutdruck natürlich auch an. Aber auch Stress verursacht eine Hypertonie.

Ganz wichtig ist zu erkennen, dass bei jedem Tun eines Menschen der ganze Körper „mit-tut". Jeder von uns ist für sich eine eigene Einheit. Diese besteht nicht aus vielen Einzelteilen, die nach der „Dawos-Methode" (= Da wo's weh-tut) behandelt werden kann. Wir müssen lernen, den ganzen Körper mit allen Teilen zu betrachten. Wenn das Knie oder der Fuß schmerzt, kann die Ursache beim Atlaswirbel oder der Lendenwirbelsäule liegen. Genauso verhält es sich im Stressfall.
Druck belastet nicht nur die Psyche, sondern auch den Körper. Daher ist es möglich, über den Körper eine Entlastung zu erreichen. Genauso ist es aber auch möglich, über sportliche Aktivitäten – je nach Intensität – den psychischen Druck zu verstärken.

Das Zusammenspiel von Herz und Atmung

Seit der Industrialisierung im 19. Jahrhundert haben wir begonnen, immer kurzatmiger zu werden. Statt tiefe Atemzüge in den Bauch, führen wir – zumeist stressbedingt – kurze Brustatemzüge durch. Noch einmal verstärkt hat sich diese negative Atemtechnik in den vergangenen drei Jahrzehnten.

Brustatmung sollte im Grunde nur dann stattfinden, wenn eine oberflächliche Atmung im Sinne von schnellem Atmen nötig ist. Das ist beispielsweise beim Sport der Fall. Ansonsten sind wir in Stresssituationen kurzatmig. Der Körper verbindet die Kurzatmigkeit mit Stress. Dieser Zusammenhang ist heutzutage jedoch nicht zwingend nötig, da nicht jede Brustatmung tatsächlich aus einer Stresssituation heraus entstanden ist.

Um es auf den Punkt zu bringen:
Wir haben das Atmen verlernt!

Die Folgen sind äußerst weitreichend und erst spät zu erkennen; z. B. Cortisolausschüttung. Ich möchte aber nicht näher darauf eingehen, sondern vielmehr auf das Zusammenspiel von Herz und Atmung und was uns zu einer ‚richtigen‘ Atmung verhelfen kann.

Wenn es um unsere Herzfrequenz geht, haben wir meist zwei Ziele:
1. Eine niedrige Durchschnittsfrequenz und
2. einen ruhigen und gleichmäßigen Herzschlag.

Dabei handelt es sich aber um einen Irrglauben. Eine niedrige Durchschnittsfrequenz ist wichtig, aber das Herz darf, bzw. sollte, schon mal einige Ausreißer haben.
Betrachten wir uns das Schaubild:

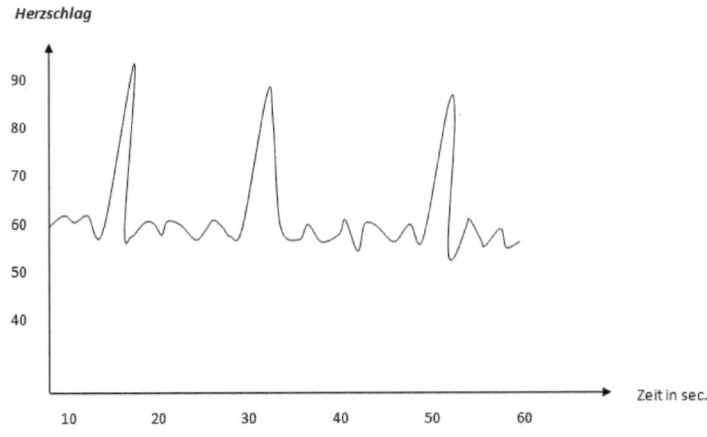

Solche Ausreißer sind erwünscht. Dabei beachten wir den höchsten und niedrigsten Herzschlag innerhalb einer Minute. Auf diesem Wege messen wir die Herz-Raten-Variabilität.

Liegen die beiden Werte zu gering auseinander, sollte dringend etwas unternommen werden.

Über die Atmung zeigen wir unserem Herzen den Stresspegel. Stehen wir unter Druck, atmen wir kurz und oberflächlich. Diesen Atemzügen muss sich das Herz anpassen; zumindest, wenn wir den Stress noch unter Kontrolle haben. Wo aber ist die Grenze? Merken wir denn, wenn wir diese Grenze überschreiten? In den meisten Fällen stellen wir den zu hohen Stresswert erst fest, wenn Erkrankungen drohen oder gar schon aufgetreten sind.

Das folgende Schaubild zeigt auf, wie die Herzfrequenz idealerweise schlagen sollte, wenn wir in Stress wie folgt atmen:

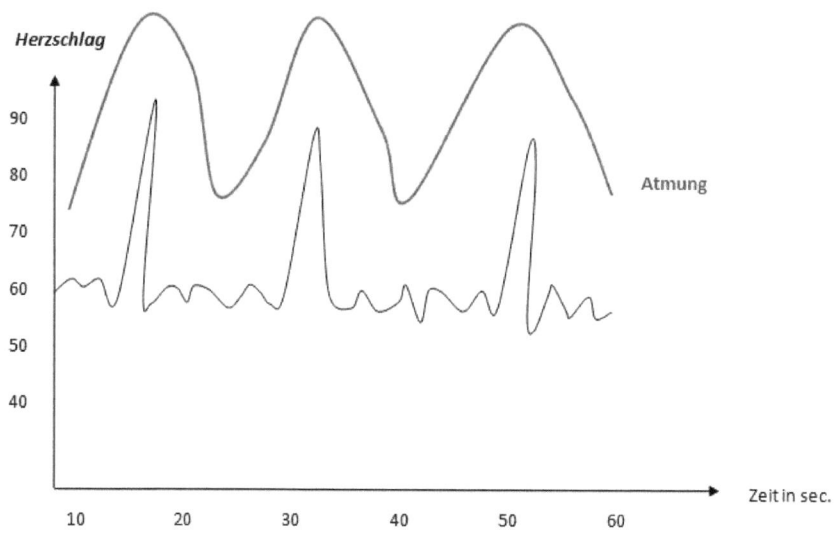

In diesem Beispiel folgt der Herzschlag bei der Kurzatmigkeit der Atmung; dabei liegt die durchschnittliche Herzfrequenz bei ca. 60 Schlägen. Das wäre ein Zeichen dafür, dass der Stress im normalen Bereich liegt oder gar keine Stresssituation vorliegt.

Häufig sieht es aber so aus, dass das Herz gar keine Ausreißer mehr hat oder der Ausreißer passt sich nicht der Atmung an.

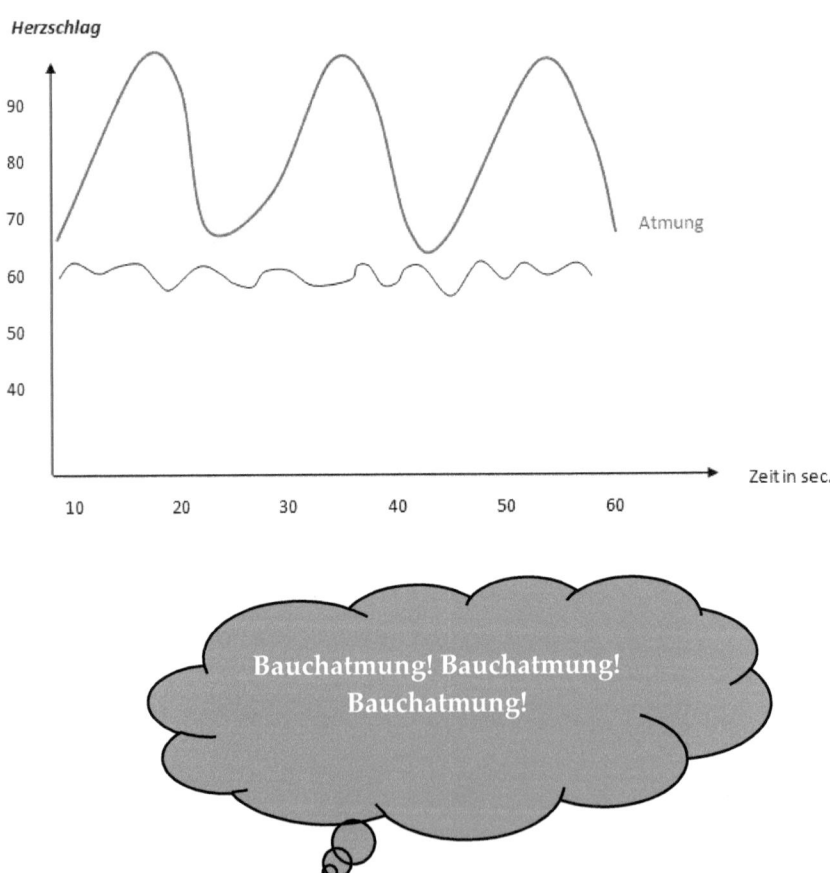

Nach dem Gehirn, dem Herzen und dem Nervensystem gehen wir an dieser Stelle auf die Hormone ein. Im Bereich ´Stress´ haben wir es mit Adrenalin, Noradrenalin, Cortisol und anderen zu tun; darauf sind wir auch schon eingegangen. Es gibt aber mehr dazu zu sagen, was auch für das Lernen wichtig ist.

Die Hormone

Sprechen wir von einer Hormonbehandlung, gehen wir gleich davon aus, dass eine Frau Östrogene gespritzt bekommt. Überhaupt wissen wir, der gemeine Bürger, recht wenig über die Anzahl und Aufgaben von Hormonen. Vor allem Geschlechtshormone und Adrenalin sind bekannt.

Besonders „nah" sind sie uns, wenn wir verliebt sind. Das Herz schlägt höher, wir sind wach und unsere Sinne sind geschärft. Sie lassen die Muskeln wachsen und verhelfen dem Körper bei jugendlichem Aussehen (z.B. das Hormon DHEA). Zu schaffen machen sie uns, wenn wir pubertieren, der Körper sich verändert und die Haut unter Akne leidet.

Hormone sind unsere Botenstoffe; sie bestimmen unser Leben. Was aber, wenn sie aus dem Gleichgewicht geraten? In unserem Leben würde einiges durcheinanderlaufen und aus den Fugen geraten.

Die Produzenten unserer Hormone sind u. a. die Schilddrüse, Hirnanhangsdrüse oder die Nebennierenrinde.

Interessant ist, dass das erste Hormon, welches bestimmt und isoliert werden konnte, ein ziemlich bekanntes ist: Adrenalin. Wobei es zunächst den Namen Epinephrin erhielt. Der Begriff Hormon wurde 1905 von Henry Ernst Starling geprägt.

Nach dem Adrenalin folgten Thyroxin (Schilddrüsenhormon), das Insulin, die Geschlechtshormone, das Cortison und viele weitere mehr.

Um die Macht der Hormone verständlicher zu machen, hilft das Beispiel des Insulins. Bis Anfang des 20. Jahrhunderts galt die Zuckerkrankheit als eine tödliche Krankheit. Die Entdeckung des Hormons Insulin mit seiner Aufgabe der Umwandlung von Zucker in Energie hat den wichtigen Grundstein gelegt, Leben zu retten.

Bis heute sind 100 Hormone bekannt, die alles in geregelten Bahnen laufen lassen. Wissenschaftler gehen jedoch davon aus, dass es mindestens 1000 dieser Botenstoffe geben soll, die dafür sorgen, dass in unserem Körper alles gesund und ausgewogen verläuft.

Fazit:
Vor gut 100 Jahren starben Menschen an einer tödlichen Krankheit. Man erkennt das Hormon Insulin und Menschenleben können gerettet werden.

Heute sterben Menschen an vielen Krankheiten, die nicht wirksam bekämpft werden können. Einige davon sind die Folgen von Stressleiden.

Wir kennen ca. 900 Hormone noch nicht, die wichtige Aufgaben in unserem Körper wahrnehmen.

Als wie lächerlich wird es in 50 Jahren rückwirkend betrachtet werden, wenn einige erkannt werden und die tödlichen Krankheiten mit einem einfachen Medikament in Griff zu bekommen sein werden?

Wie bereits erwähnt, sind Hormone wichtige Botenstoffe. Sie übermitteln Nachrichten von Organ zu Organ und zu einzelnen Zellen. Faszinierend sind die extrem großen Auswirkungen im Verhältnis der Konzentration und Größe des Hormons. Kleinste Störungen fallen da schon arg ins Gewicht und bringen den Körper aus dem Gleichgewicht.

Diese kleinen Störungen können durch vielerlei Faktoren beeinflusst werden. Dazu gehören die Tageszeit, die Nahrungsaufnahme, die Sexualität, natürlich der Stress u. a.

Damit sind wir wieder bei unserem eigentlichen Thema angekommen: dem Stress, inkl. dem Schulstress. Was genau passiert hormonell bei Stress und wie ist er wieder in Griff zu bekommen?

Kennengelernt haben wir inzwischen die Hormone Adrenalin, Noradrenalin und ACTH sowie ihre Entstehungsorte und Aufgaben.

Ganz wichtig ist zu erkennen, dass das Ausschütten von Adrenalin und Noradrenalin nichts Negatives bedeutet, sondern einen gesunden Vorgang im Körper darstellt.

Es löst eine akute Stress-Reaktion aus, damit wir entsprechend handeln. Bei der Ausschüttung kommt es

→ zur Erweiterung der Bronchien, Beschleunigung der Atmung, um mehr Sauerstoff aufnehmen zu können.

→ zur Steigerung des Blutdrucks, um das mit Sauerstoff angereicherte Blut effizienter in die Muskeln pumpen zu können.

→ zur Steigerung des Blutzuckers, um mehr Energie bereitzustellen.

Dieser Vorgang ist nur von kurzer Dauer und normalisiert sich wieder rasch. Er dient also nur unserem Schutz.

Das vielfach erwähnte Cortisol arbeitet genauso. Es ist jedoch verantwortlich für die verlängerte Stress-Antwort und hält den Körper in Alarmbereitschaft. Es baut deutlich langsamer auf als das Adrenalin, hält aber dafür länger an und erreicht dabei nicht das Ausmaß der Adrenalin-Effekte.

Ein akuter Cortisol-Ausstoß bewirkt u. a. für mehrere Stunden eine Erhöhung des Blutdrucks und des Blutzuckers; zudem nimmt es eine komplexe Beeinflussung des Gehirnstoffwechsels vor.

Daher ist es wichtig, dass das Cortisol auch wieder abgebaut wird. Dazu komme ich gleich.

Ein Verwandter des Cortisols ist das Cortison. Es wird bei vielen Erkrankungen kurzfristig eingesetzt. Wir wissen aber, dass es bei einer langfristigen Einnahme nicht ohne erhebliche Nebenwirkungen bleibt. So hat auch das Cortisol langfristige Nebenwirkungen.

Besonders bekannt sind die Klassiker des zu hohen Blutdrucks und der schlechten Blutzuckerwerte.

Cortisol hat aber mehr auf Lager. So unterdrückt es beispielsweise die Ausschüttung von Sexualhormonen (Testosteron, Östrogene). Warum der Körper so reagiert, ist im Grunde ganz logisch: in Angesicht einer akuten Gefahr sind Sexualität und die Reproduktion völlig unwichtig. Heruntergefahren werden aber auch andere Hormone wie das Insulin oder die Schilddrüsen-hormone (Triiodthyronin und Thyroxin), die lebensnotwendig sind und eine große Rolle beim Energiestoffwechsel spielen. Gesenkt werden aber auch Wachstumshormone, die für Wachstum und Regeneration verantwortlich sind.

Unser Lebensstil hat sich in den letzten Jahrtausenden um viele 100% ver-ändert. Unsere Genetik nicht einmal um 0,1%!

Einiges wird von mir immer wieder wiederholt. Es muss ganz bewusst wer-den! Daher die ständige Wiederholung einiger wichtiger Fakten.
Es reicht schon aus, wenn ein Hormon aus der Bahn gerät, um den ganzen Körper ins Wanken zu bringen. Bei einer solchen Veränderung, wie wir sie in den vergangenen Jahrtausenden erlebt haben, ist festzustellen, dass es für uns nicht leichter wird.
Betrachten wir nur mal die letzten 100 Jahre (Autos, TV, PC, Handy, usw.) kann es auch schon mal unheimlich werden.

Ein Abwehrhormon ist das Dehydroepiandrosteron – kurz: DHEA.
Das DHEA wird in der Nebennierenrinde produziert und wird zeitgleich mit dem Cortisol ausgeschüttet. Im Grunde kann man sagen, dass es immer das Gegenteil von dem tut, was das Cortisol gerade macht. Wird vom Cortisol der Blutdruck erhöht, senkt das DHEA es wieder etwas. Wird vom Cortisol der Blutzucker angehoben, wird es vom DHEA wieder ein wenig gesenkt.
Es dürfte auffallen: während Cortisol richtig aktiv ist, reguliert das DHEA immer „nur" ein wenig.

Aber wir haben noch mehr in der Abwehr: Als nächsten Vertreter schicken wir das Serotonin nach draußen. Es ist ein Gewebshormon und gleichzeitig ein Neurotransmitter.
Sein Vorkommen ist recht weitläufig; u. a. im Herz-Kreislauf-System, Zen-tralnervensystem, Darmnervensystem und im Blut. Das größte Vorkommen (ca. 95%) befindet sich im Magen-Darm-Trakt.
Seine wichtigste Rolle nimmt es bei der Entstehung von Glücksgefühlen ein. Hierbei werden Endorphine ausgeschüttet, was zu einer Stressminderung
72

führt. Allerdings muss auch gesagt sein, dass die tatsächlichen Wirkungen der Endorphine noch nicht komplett aufgeschlüsselt sind.

Kommen wir nun zu einem weiteren Stress-Bekämpfer. Es handelt sich um das Vitamin D. Wenngleich es etwas umstritten ist, ob es sich tatsächlich um ein Vitamin handelt. Da Vitamine vom Körper nicht selbst produziert werden können, hat das Vitamin D eine besondere Stellung eingenommen. Wissenschaftler haben zwischen ihm und den Steroidhormonen (z. B. Testosteron, Östrogene, aber auch Cortisol) viele Gemeinsamkeiten entdeckt. Sie basieren alle auf dem Fettstoff Cholesterin.

Es gäbe noch viel an dieser Stelle über die Gemeinsamkeiten zu sagen, aber ich möchte nicht abschweifen. Die Konzentration soll auf das Vitamin D gelenkt bleiben. Aufgrund seiner Ähnlichkeiten mit den Hormonen hat es einen besonderen Namen erhalten: das Sonnenhormon.

Die Aufgaben eines Hormons erfüllt es ebenfalls: zum einen wird es im Körper gebildet und zum anderen gelangt es als Botenstoff über das Blut in die Organe, um seinen Aufgaben nachzukommen.

Ein Mangel an Vitamin D führt zu Stoffwechselstörungen; das hat zur Folge, dass die Organfunktionen eingeschränkt werden und somit verschiedenen Krankheiten Vorschub leistet.

Aber warum Sonnenhormon?

Der Organismus braucht für die Produktion von Vitamin D lediglich zwei Dinge: Cholesterin und Sonnenlicht. Womit die Frage auch schon beantwortet ist. 15 – 30 Minuten Sonnenlicht reichen bereits als Tagesdosis. Allerdings behindert ein UV-Schutz die Bildung von Vitamin D.

Das so entstehende „Sonnenhormon" wird in der Leber gespeichert und in der Niere aktiviert, um anschließend an das Blut abgegeben zu werden.

Zu seinen Aufgaben gehört es, den Kalziumhaushalt zu regulieren und die Knochen zu „mineralisieren", damit diese bruchfest werden. Es sorgt mit dafür, dass immer ausreichend Kalzium im Blut vorhanden ist. Daher kann es bei einem Mangel zu Knochenschäden führen.

Jetzt geht es aber darum, was das Vitamin D bei Stress erreichen kann.

Als Stressbekämpfer ist es in der Nacht aktiv. Seine Aufgabe besteht darin, den Cortisolspiegel zu senken. Nun ist es allerdings so, dass das Cortisol stärker ist und das Vitamin bei seiner allgemeinen Arbeit ausbremst. Daher hat das Vitamin nur die Möglichkeit, den Hormonspiegel langfristig zu senken, nämlich, wenn das Hormon anderweitig vorübergehend gesenkt wird. Genau das geschieht zwischen Mitternacht und 4 Uhr in der Früh.

Befindet sich der Körper und somit das Gehirn in einer tiefen Nachtruhe, senkt sich der Cortisolspiegel kurzfristig und kann vom Vitamin D langfristig „gedrosselt" werden.

Von entscheidender Bedeutung ist aber nicht nur die klassische Nachtruhe zwischen 0 und 4 Uhr in der Nacht, sondern dass das Gehirn auch tatsächlich „runterfahren" kann.
Ist der Stresspegel zu hoch, z. B. durch einen langen Bildschirmabend, wird das Gehirn zu lange für eine Verarbeitung benötigen, als dass es die nötige Ruhe bekommt. Die Folge wird sein, dass Körper und Geist am nächsten Tag unausgeglichen und müde sind. Dadurch steigt der Cortisol-Spiegel weiter an.

Ein **Cortisolmangel** kann sogar tödlich sein. Zu einem Mangel kann es bei einer Schädigung der Nebennieren kommen oder aber wenn es über einen längeren Zeitraum zu einem Cortisolüberschuss kam.
Ein Mangel führt zu Mattigkeit, Antriebslosigkeit, Burnout, Entzündungen, höhere Infektanfälligkeit u. v. m.

Es gäbe selbstverständlich noch sehr viel mehr zu den Hormonen zu sagen, aber für eine Zusammenführung der letzten Themen soll es einmal reichen.

Abschließend zum Thema ‚Stress' mit all den Unterthemen, bleibt eine letzte Frage offen: Was ist für mich Stress?
Die Stressoren aufzuzählen, würde einige Seiten füllen. Gehen wir von einem Schüler aus und suchen uns einige Stressoren heraus: Lernen, Hausaufgaben, Klassenarbeiten, Unordnung, Streit, Lärm, Hunger, mit den Eltern im Stau stehen, Schulwechsel, Bildschirm (Handy, PC), Zeitdruck, u. v. m.

Kinder sind genauso dem Stress ausgesetzt wie die Erwachsenen. Ein jüngeres Kind hat Stress, wenn ein Spielzeug plötzlich verschwunden ist. Ein älteres Kind hat Stress, wenn sich ein Freund über ihn lustig gemacht hat. Ein Jugendlicher hat Stress, wenn seine Freundin Schluss gemacht hat. Ein Erwachsener hat Stress, wenn er den Job verloren hat.
Wer hat nun den größten Stress? Ist es vergleichbar? Es ist wohl selbstverständlich, dass der Jugendliche über das Verschwinden eines Spielzeugs lachen würde. Ein Erwachsener würde über den verlassenen Jugendlichen denken, dass das zum Erwachsenwerden dazugehört.

Nun, im Grunde spielen die Stressoren keine Rolle. Für jeden bedeutet Stress etwa anderes. Im Erwachsenenalter ist für den einen das Abnehmen ein großer Stressor, für den nächsten ein zerkratztes Auto.

Es folgt nun ein ganz wichtiger Hinweis. Diesen sollte man sich immer und immer wieder bewusst machen.

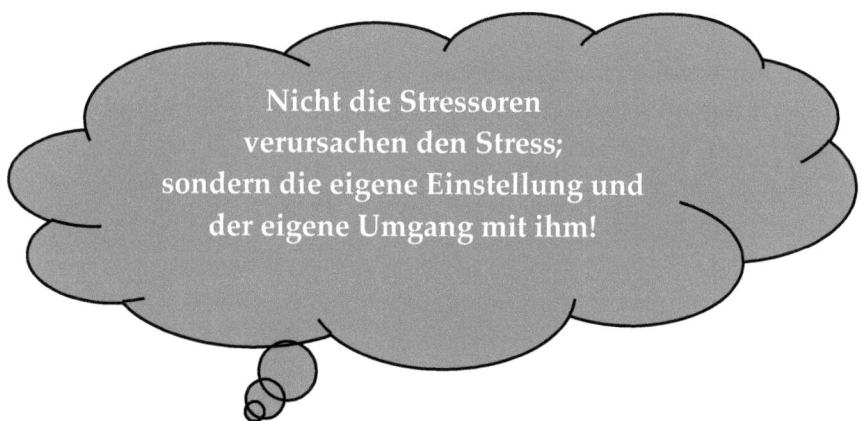

Nicht die Stressoren verursachen den Stress; sondern die eigene Einstellung und der eigene Umgang mit ihm!

Jetzt wird es praktisch.

Diesen Teil des Buches starten wir mit einem typischen Dialog aus der Schule. Damit verbinden wir den theoretischen Teil des Buches mit der Praxis.
Wir befinden uns gedanklich in der 10. Klasse; Matheunterricht.

Variante 1:
Schüler: „Warum müssen wir das denn machen?"
Lehrer: „Falls ihr später doch mal Mathematik studieren möchtet."

Variante 2:
Schüler: „Warum müssen wir das denn machen?"
Lehrer: „Für das Leben lernt ihr das."

Variante 3:
Schüler: „Warum müssen wir das denn machen?"
Lehrer: „Es steht halt im Lehrplan."

Das waren drei typische Antworten. Sie sind nicht wirklich motivierend, aber was sollte ein Lehrer darauf antworten? Die Wahrheit! Leider erfährt er diese nicht in seinem Studium, so dass ihm kein Vorwurf zu machen ist.

Pro Jahr habe ich ca. 40 ähnliche Gesprächsinhalte. Zumindest was die Frage angeht. Folgend ein Beispiel.

Schüler: „Aber wofür brauche ich das?"
Ich: „Gegenfrage. Weißt du denn schon, was du mal werden möchtest?"
Schüler: „Nein. Vielleicht etwas mit Computer."
Ich: „So genau muss es gar nicht sein. Es geht mir nicht um den Beruf. Willst du mal erfolgreich sein?"
Schüler: „Ja klar."
Ich: „Wovon träumst du? Was willst du mal haben bzw. erreichen?"
Schüler: „Ein großes Haus mit vielen Zimmern. Ein schnelles Auto. Eine Ferienwohnung. Viel Geld."
Ich: „Sehr schön. Und was brauchst du dafür, um das zu bekommen?"

Schüler: „Einen sehr gut bezahlten Job. Dafür muss ich studieren und viel lernen. Ich verstehe schon."

Ich: „Aha. Und warum musst du viel lernen und studieren?"

Schüler: „Um viel Wissen zu haben."

Ich: „Aha. Und das willst du also mit Computern machen."

Schüler: „Ja, wahrscheinlich schon."

Ich: „Welche Fächer brauchst du dafür?"

Schüler: „Ich weiß nicht genau. Mathe. Vielleicht Englisch."

Ich: „Brauchst du Bildende Kunst?"

Schüler: „Nein."

Ich: „Musik?"

Schüler (lacht): „Nein."

Ich: „Wie ist es mit Religion, Erdkunde oder Sport?"

Schüler: „Brauche ich auch alles nicht."

Ich: „Hmmm … und warum gehst du dann noch zu diesen Fächern? Geh doch einfach nur noch zu den Fächern, die dir weiterhelfen."

Schüler: „Ich muss doch."

Ich: „Ja. Musst du. Weil du das alles brauchst."

Schüler: „Hä?"

Ich: „Stell' dir mal folgende Situation vor: Der Chef platzt ins Büro. „Herr Müller, lassen sie sich bitte etwas einfallen. Morgen kommt der Kunde und wir haben noch nichts, was wir ihm bieten können. Erstellen sie bis morgen ein Programm." Jetzt ist Herr Müller gefordert. Was braucht er nun? Ganz klar, er muss lösungsorientiert und kreativ arbeiten können. Er muss schnell etwas zu Papier bringen."

Schüler: „Ich verstehe nicht."

Ich: „Mit Bildender Kunst und Musik beispielsweise trainierst du besonders in der 4. bis zur 8. Klasse deine Kreativität. Jedes Gehirnareal wird aufgebaut. Wie gut es aufgebaut wird, hängt vom Training ab. Jedes Schulfach trainiert einzelne Areale in deinem Kopf."

Schüler: „Aha."

Ich: „Stell' dir einen 100m-Läufer vor. Um in einem Wettkampf die 100m schnell laufen zu können, muss er viel trainieren: Grundlagenausdauer, Schnelligkeitsausdauer, Krafttraining, Koordination, Technik, Reaktionstraining, mentales Training, usw. So vieles, um in einem Bereich gut sein zu können. Dafür trainiert er jahrelang. Zuhause wie in einem Trainingslager."

Schüler: „Und was hat das jetzt mit mir zu tun?"

Ich: „Die Schule ist nichts anderes als ein Trainingslager. Und deine Lehrer sind die Trainer. Indem du verschiedene Fächer hast, trainierst du verschiedene Gehirnareale, um in einem Bereich später beruflich erfolgreich sein zu können. Das heißt, du arbeitest wirklich jetzt schon daran, dein Haus, dein Auto, dein Geld später zu bekommen."

Schüler: „Ach so."

Ich: „Was denkst du, wer kann mehr erreichen, der Hauptschüler oder der Gymnasiast?"

Schüler: „Der Gymnasiast."

Ich: „Warum?"

Schüler: „Er weiß viel mehr."

Ich: „Ist das so? Lass die beiden mal 20 Jahre aus der Schule draußen sein. Dann stelle ihnen ein paar Fragen: Wann wurde Mozart geboren? Wie hieß der 40. Präsident der USA? Wie lautet der Satz von Pythagoras? Sie werden es wahrscheinlich beide nicht beantworten."

Schüler: „Hm. Ja."

Ich: „Denk an den Sportler. Welcher Sportler wird besser sein: einer der zwei Jahre trainiert hat oder einer, der bereits fünf Jahre trainiert hat?"

Schüler: „Der mit den fünf Jahren."

Ich: „Natürlich. Und der Gymnasiast hat sein Gehirn drei bis vier Jahre länger trainiert als der Hauptschüler. Sein Gehirn hat mehr Möglichkeiten. Deswegen hat er später mehr Möglichkeiten. Nicht wegen des Wissens."

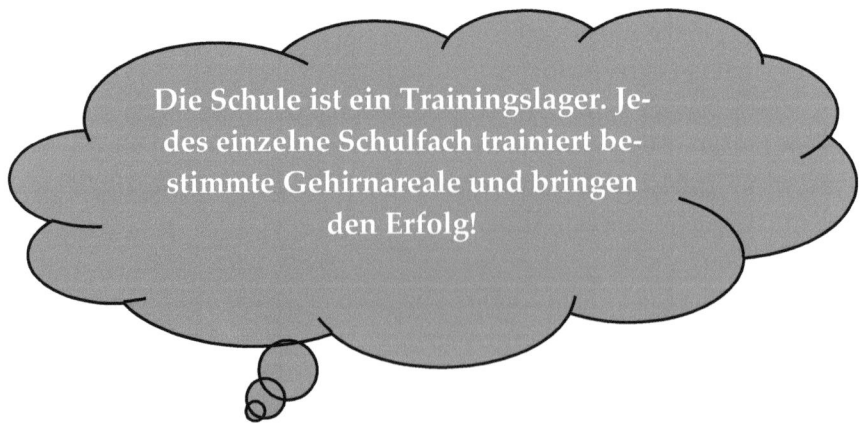

Die Schule ist ein Trainingslager. Jedes einzelne Schulfach trainiert bestimmte Gehirnareale und bringen den Erfolg!

Das Lernen in der Praxis

Wie der Sportler für sein Training gewisse Voraussetzungen vorfinden und einhalten muss, ist das beim Schüler genau das gleiche.
Es gibt auch viele Parallelen und Gemeinsamkeiten. Für beide Bereiche spielen der Schlaf und die Ernährung eine wichtige Rolle, ebenso die Zielsetzung und die Struktur. Wie es im Sport Techniken gibt, finden wir die auch beim Lernen.
Bevor ein Kind mit dem Lernen beginnen kann, sollte eine Portion Motivation vorhanden sein. Daran scheitert es jedoch sehr häufig und bei sehr vielen.
Einen wichtigen Grund hatten wir bereits im limbischen System ausgemacht. Der Motivationsmotor sitzt im limbischen System und daher sollte es entsprechend „gepflegt" werden.

Wir gehen nun davon aus, dass das limbische System alles bekommt, wonach es verlangt. Dennoch fehlt es an Motivation. Der größte Motivator ist die Zielsetzung. Ganz gleich, was man machen möchte, es benötigt ein klar formuliertes Ziel. Je größer ein Vorhaben, desto wichtiger ist die Zielsetzung.
Jeder Mensch braucht zu jedem Zeitpunkt Ziele; auch große Ziele. Der Mensch möchte sich weiterentwickeln und er will keinen Stillstand. Schüler haben oftmals nur eine vage Vorstellung von Zielsetzungen. Sie denken erst einmal daran, dass sie einen guten Abschluss wollen und eine gute Note in der nächsten Klausur. Das ist ein wenig oberflächlich gedacht und das allein führt nicht zum Ziel.

Die Zielsetzung

Der Schüler benötigt eine zielorientierte Ausrichtung und die entsprechende Bewusstmachung. Dabei geht es zunächst einmal ausschließlich um das Ziel. Weder um die Chance, das Ziel zu erreichen, noch um den Weg zum Ziel.

Unter der Bewusstmachung ist zu verstehen, dass ein Ziel gesetzt wurde. Bis dahin gab es nur einen Wunsch oder gar einen Traum. Doch ein Traum wird stets ein Traum bleiben. Jetzt ist es ein Ziel. Ein festes Ziel.

Die Ziele werden aufgeteilt. Mindestens drei Ziele sollten festgehalten werden.

Großes Ziel (Hauptziel, langfristiges Ziel)

Teilziel (Hauptziel, mittelfristiges Ziel)

Erstes Ziel („erster Schritt" kurzfristiges Ziel)

In der Literatur und der Wissenschaft gibt es zeitliche Festlegungen der einzelnen Ziele. Ich spreche mich ganz eindeutig gegen diese „offizielle Festlegung" aus. Ich möchte dieses anhand eines Beispiels erklären: Das langfristige Ziel sollte 5-7 Jahre in der Zukunft liegen. Wenn ein 10-Klässler seine Ziele festlegt, wird sein großes Ziel das Abitur sein. Dafür benötigt er aber keine 5-7 Jahre. Oder sollte er, damit die Literatur Recht hat, einige Ehrenrunden drehen? Nein, natürlich nicht.

Bei der Zielsetzung sind einige Regeln dringend zu beachten.
Ansonsten ist es nur eine ungefähre Planung, bei der hinterher abgeschätzt werden kann, aber keine klare Aussage getroffen werden kann, ob das Ziel erreicht ist oder nicht. Z. B. „Ich möchte in Deutsch besser werden." Irgendwann kann ich noch etwas besser lesen. Oder doch nicht? Es ist keine messbare Größe, zeitlich nicht definiert und warum wollte ich das überhaupt?

- Ziele und Teilziele müssen konkret formuliert und überprüfbar sein.

- Ziele und Teilziele müssen verbindlich sein; am besten aufschreiben und anderen mitteilen, damit die Ziele nachträglich nicht mehr verändert werden können.

- Das Erreichen und Nicht-Erreichen von Zielen muss Konsequenzen haben: das Erreichen muss „gefeiert" werden; das Nicht-Erreichen muss analysiert werden; entweder müssen verstärkte Anstrengungen unternommen werden oder die nächsten Ziele müssen nach unten korrigiert werden.

Wenn die Ziele klar und schriftlich formuliert sind, die Konsequenzen festgelegt wurden, geht es an die Umsetzung. An die sogenannte Wegbeschreibung zum Ziel.

Die Zielsetzung und die Wegbeschreibung möchte ich mit Hilfe eines Beispiels näherbringen.

Der 15-jährige Kurt ist in der 9. Klasse, seine Noten liegen im Schnitt bei einer 3,2. Er kommt zu mir, um seine Konzentration und Motivation zu steigern. Für seine Ziele werden wir eine sogenannte Erfolgsleiter erstellen. Nun gilt es erst einmal, die Ziele festzulegen.

Langfristiges Ziel:	Schulabschluss mit mindestens 2,25
Mittelfristige Ziele:	Schuljahr mit einem Schnitt von 2,75
	Mathe eine 3, Deutsch eine 3, Geschichte eine 2
Kurzfristige Ziele:	Ordnung im Zimmer und auf dem Schreibtisch
	spätestens um 21.30 Uhr schlafen
	im Schnitt 45min pro Tag für die Schule aufbringen
	alle Kurztests mindestens eine 3

Die ‚kurzfristigen Ziele' laufen für 4-6 Wochen.

langfristiges Ziel:
Schulabschluss mit mindestens 2,25

mittelfristiges Ziel:
Schuljahr mit einem Schnitt von 2,75
Mathe eine 3, Deutsch eine 3, Ge-
schichte eine 2

kurzfristiges Ziel (2. Abschnitt):

kurzfristiges Ziel (1. Abschnitt bis 12. April):
Ordnung im Zimmer u. auf d. Schreibtisch
spätestens um 21.30 Uhr schlafen
im Schnitt 45min pro Tag f. d. Schule aufbringen
alle Kurztests mindestens eine 3

Auf der Erfolgsleiter werden zunächst drei Ziele festgelegt. Ein Vorteil der Erfolgsleiter ist der Aufbau der unbewussten Überzeugung. Hierbei gehen Zweifel bei Kurt verloren, die Ziele auch tatsächlich zu erreichen.

Es geht nun nicht darum, die kurzfristigen Ziele zu 100 Prozent zu erreichen. Wir wollen keine Perfektionisten sein. Ziel sollte es sein, 90 Prozent zu erreichen. Die Zielsetzung stellt für Kurt eine Herausforderung dar. Dennoch kann er abends zufrieden sein, da er weiß, dass ihn die Ordnung, die 45min Schulaufwand und das pünktliche Zubettgehen, seinem großen Ziel näherbringen.
Schafft er in seinem ersten Abschnitt um 90 Prozent, werden im nächsten Abschnitt entweder identische Ziele gesetzt und neue werden hinzugefügt. Wieder gilt es, die 90 Prozent zu erreichen. Für Kurt sind das greifbare und zeitnahe Ziele. Er muss nicht Monate nach vorne schauen, um sein Ziel zu sehen, um dann festzustellen, es würde reichen, wenn er demnächst mit dem Lernen beginnt.
Nach dem zweiten Abschnitt kommt der dritte. Wenn er zurückblickt und sieht, was er bislang erreicht hat, wird er kaum daran zweifeln, auch diesen dritten Abschnitt zu meistern. Die Richtung ist nun klar vorgegeben. Eine Stufe nach der anderen erklimmt er. Schaut er die nach oben, sieht er den vierten und fünften Abschnitt auf sich zukommen. Da sind aber keine Zweifel. Er hat die letzten geschafft, warum sollte er diese nicht schaffen. Wenn er nun alle Abschnitte mit um die 90 Prozent erreicht, stellt sich gar nicht mehr die Frage, ob er sein großes Ziel erreichen wird. Die bisherigen Zweifel weichen der unbewussten Überzeugung.

Sobald die Inhalte des ersten Abschnitts festgelegt wurden, müssen nun die Konsequenzen festgehalten werden.

Kurzer Exkurs:
Konsequenzen hat nichts mit Strafen zu tun. Fälschlicherweise hat sich dieser Irrglaube in den Köpfen der Menschen festgesetzt. Konsequenz ist für die meisten Menschen ein negativer Begriff. Dieser Begriff steht jedoch nicht allein da. Da gibt es einige mehr; z. B. Kritik oder Manipulation. Alle drei Begriffe sind absolut neutral.

„Das hast du toll gemacht."
→ Das ist Kritik.
„Du hast viel geübt und bist gut vorbereitet. Viel Erfolg."
→ Das ist Manipulation.
„Du hast zuletzt viel gelernt und nun eine starke Note mitgebracht. Dafür machen wir ein lernfreies Wochenende und gehen stattdessen ins Kino."
→ Das ist eine Konsequenz.

Wir erinnern uns, dass wir Negatives deutlich besser abspeichern. Daher bringen wir den Begriff ‚Konsequenzen' eher mit Sätzen in Verbindung wie: „Das wird Konsequenzen haben."

So, halten wir fest: Konsequenzen ist ein neutraler Begriff.
Mit Kurt werden nun positive und negative Konsequenzen vereinbart.
Wenn er 90 Prozent seiner kurzfristigen Ziele erreicht hat, hat das positive Konsequenzen zur Folge. Bleibt er darunter, folgen negative Konsequenzen.

Beispiele:

Positive Konsequenz:
Wenn keine Klassenarbeit ansteht, wird Kurt ein komplett lernfreies Wochenende bekommen. Anstatt 90 Minuten zu lernen, wird er für diese Zeit ins Kino gehen oder etwas anderes Unterhaltsames unternehmen.

Negative Konsequenz:
Wenn die 90 Prozent an den Noten in den Kurztests scheitern sollten, wird Kurt im nächsten Abschnitt jeden Tag acht zusätzliche Minuten Vokabeln lernen.
Oder:
Wenn die 90 Prozent an der Ordnung scheitern sollten, wird Kurt im nächsten Abschnitt jeden Morgen 10 Minuten früher aufstehen und aufräumen.

Die Konsequenz sollte nach Möglichkeit immer etwas mit der Ursache zu tun haben. Das Gehirn, und somit der Mensch, ob Schüler oder Erwachsener, sollten daraus etwas lernen. Es geht ums Lernen – nicht ums Strafen.

Die Konsequenzen können sich wiederholen; es ist nicht erforderlich, für jeden Abschnitt neue zu „erfinden". Dennoch kann Abwechslung sehr motivierend sein.

Die Zielsetzung kann noch viel weiter in die Zukunft gestaltet werden. Viele Kinder können in jüngeren Jahren noch gar nicht an ihre Abschlussprüfung denken. Das ist als Ziel arg weit. Daher sind auch die kleineren Abschnitte sehr wichtig.

Dennoch kann man mal schauen, was in 10, 15 oder 20 Jahren sein soll.

Was für Ziele sollen es sein, Kurt?

„Villa, Motoryacht, Ferienhaus auf Mallorca, nur fünf Stunden arbeiten am Tag."

Diese Wünsche und Träume wandeln wir nun um, zu einem klar definierten Ziel. Was ist nötig, um diese Ziele zu erreichen?

Kurt: „Ich brauche viel Geld."

Coach: „Richtig. Womit?"

Kurt: „Guten Job."

Coach: „Richtig. Was für einen?"

Kurt: „Einen Job, für den man studieren muss und den nicht viele können."

Coach: „Falsch! Du brauchst eine gute Idee oder einen Job der Freude macht. Dann verschaffst du dir einen Expertenstatus und wirst der beste oder einzige darin."

Kurt: „Cool. Wie mache ich das?"

Coach: „Indem du lernst, etwas aufzubauen, Geld richtig zu sparen und anzulegen und einiges mehr."

Kurt: „Und wie und wo lerne ich das?"

Coach: „Nun, du musst Schritt für Schritt vorgehen. Zuerst musst du dir einige Fähigkeiten antrainieren. Z. B. Kreativität, logisches Denken und vieles mehr."

Kurt: „Und wie mache ich das?"

Coach: „Indem du in der Schule gut mitarbeitest. Somit trainierst du dein Gehirn und somit machst du die ersten Schritte in Richtung Villa, Yacht und Geld."

Kurt: „Hm. Ok."

Coach: „Und nun schauen wir uns deine Erfolgsleiter an."

Um Ziele erreichen zu können, benötigt ein Kind wie auch ein Erwachsener eine funktionierende Struktur. Im Kindesalter braucht man die Unterstützung von Erwachsenen; von den Eltern, Lehrern, Trainern, usw.
Zur Struktur gehören auch Regeln und Grenzen. Sie zählen nicht immer zu den besten Freunden eines Kindes. Den wahren Sinn und Nutzen können sie erst Jahre später erkennen. Nichtsdestotrotz brauchen sie den Halt in Form von diesen Regeln und Grenzen. Erwachsene machen sich nicht unbedingt gern unbeliebt und möchten es friedlich haben. Daher geben sie schnell nach und setzen Konsequenzen nicht durch. Dem Kind wird damit nicht wirklich ein Gefallen getan. Das Gehirn ist noch nicht so weit, um die Auswirkungen erkennen zu können. Von einem erwachsenen Gehirn ist es zu erwarten.

Die Struktur

Die Struktur ist das A und O in der Erziehung. Aber nicht nur für die Erziehung spielt sie eine große Rolle. Ein strukturierter Schüler ist meist ein besserer Schüler.

Wichtig sind für das Heranwachsen des Kindes und somit für das Gehirn:

Rechte und Pflichten eingebettet in einen zeitlichen Rahmen.

Ganz wichtig ist die Zuteilung von festen Aufgaben, die nicht übertragbar und zeitlich kaum veränderbar sind. Es geht hierbei um die Übernahme von Verantwortung.
Passend wäre ein Haustier. Die Aufgaben sind klar: füttern, säubern usw. Der zeitliche Rahmen wäre ebenfalls gegeben.
Doch auch ohne Haustier gibt es Aufgaben, die zugeteilt werden können und müssen. Es handelt sich hierbei nicht um Strafen, sondern um das Einordnen in die Gesellschaft, um das Verantwortungsgefühl und um Strukturen im Gehirn zu legen, die später im Berufs- aber auch im Privatleben einfach notwendig sind.

Kinder, die eine klare Struktur erfahren haben, sind im späteren Leben ganz klar im Vorteil gegenüber denen Kindern, denen alles abgenommen wurde.

Aufgaben können sein: Müll entsorgen, saugen, Getränke aus dem Keller holen usw.

Zeitlich muss es nicht grundsätzlich eine genaue Uhrzeit sein.

Bei den Getränken kann es heißen, dass sie in der Küche nie ausgehen dürfen.

Beim Müll heißt es, dass der Eimer in der Küche oder im Kinderzimmer nie bis zum Rand gefüllt sein darf.

Beim Saugen heißt es zweimal die Woche an den Tagen X und Y.

Bei Kleinkindern fängt man an, indem sie stets zur gleichen Zeit die gleichen Dinge tun müssen; wie beispielsweise das Zähneputzen.

Bei größeren Kindern müssen natürlich auch die Aufgaben mitwachsen.

Selbst wenn ein Kind ständig am Nörgeln ist und „kein Bock" hat, etwas zu tun. Im Nachhinein – nicht direkt nach der Aufgabenerfüllung, da ist der Trotz noch zu groß – fühlt er sich wohler und vor allem ausgeglichener.

Für einen jungen Menschen sieht das alles nun aus, als hätte er nur Pflichten, Aufgaben und somit nur Stress.

Es gehört nun auch zur Struktur, dass ein ‚Bewusst machen' erfolgt. Es muss offensichtlich sein, wann habe ich etwas zu tun und wann habe ich wirklich frei. Wirklich im Sinne von „keiner fragt etwas über die Schule" und „keiner quält mich mit dem Müll raustragen".

Am besten geht so etwas mit einer schriftlichen Aufstellung. Diese kann relativ grob gehalten sein.

Einhalten von festen Zeiten

z. B.: 6.30 Uhr aufstehen, waschen, frühstücken
bis 13.30 Uhr Schule
bis 15.00 Uhr Mittagessen, Pause, Aufgaben
            erledigen
bis 16.30 Uhr Hausaufgaben u. lernen
bis 18.30 Uhr Freizeit
bis 19.30 Uhr Abendessen, duschen
bis 20.30 Uhr Freizeit

In Einzelfällen kann es vorübergehend aber auch einmal detaillierter sein. Gerade in Fällen von ADHS.

Folgend ein kleiner Ausschnitt als Beispiel:

Uhr	Montag	Dienstag	Mittwoch
06.15	aufstehen	aufstehen	aufstehen
07.15	Schule	Schule	Schule
13.30	Mittagessen	Schule	Mittagessen
14.30	Hausaufgaben	Schule	Hausaufgaben
15.30	zusätzl. Lernen	Pause	Hausaufgaben
16.30	Aufgaben	Lernen	Freizeit
17.30	Handball	Freizeit	Klavier
18.30	Handball	Aufgaben	Freizeit
19.30	Abendessen	Abendessen	Abendessen

Mit der Struktur, inklusive Zielsetzung, klaren Aufgaben, zeitliche Gebundenheit und den dazugehörigen Konsequenzen, lernt ein junger Mensch, sich selbst zu organisieren und Verantwortung zu übernehmen.
Das ist es doch schließlich, was ein Erwachsener erreichen möchte. **Eltern möchten ein Kind großziehen, das später einmal selbstständig und eigenverantwortlich sein Leben im Griff haben wird.**

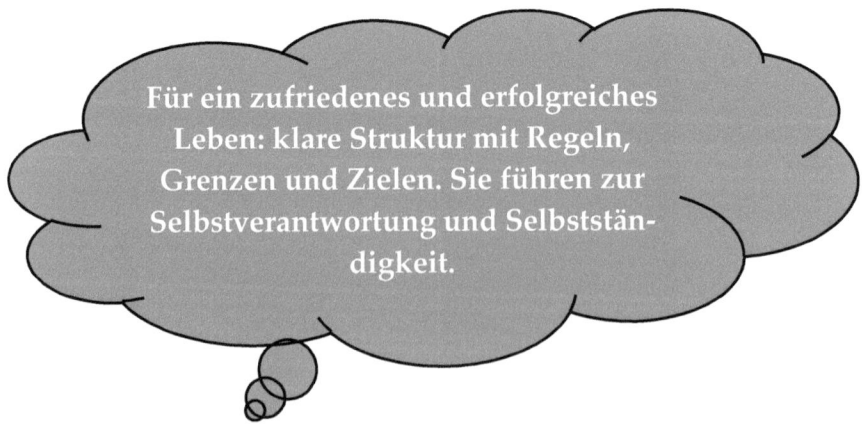

Für ein zufriedenes und erfolgreiches Leben: klare Struktur mit Regeln, Grenzen und Zielen. Sie führen zur Selbstverantwortung und Selbstständigkeit.

Pausen machen

In verschiedenen Kapiteln sind wir auf die Pausen eingegangen. Das Kind möchte und benötigt Pausen im Sinne von Freizeit, das limbische System braucht Pausen, um effektiv arbeiten zu können und das gesamte Gehirn braucht Pausen zur Regeneration und zur Abspeicherung.
Daher möchte ich noch einmal ausdrücklich auf die Wichtigkeit der Pausen aufmerksam machen.

Zu einer ganz wichtigen Pause innerhalb der Struktur gehört der Schlaf.

Der Schlaf

Der Schlaf ist ein wichtiger Bestandteil in unserem Leben. Er nimmt auch einen großen Teil unseres gesamten Lebens ein. Bei einer Lebenserwartung von ca. 80 Jahren „verschlafen" wir rund 24 Jahre davon.
Auf den Sinn und Zweck des Schlafes will ich hier nicht eingehen. Jedem dürfte bewusst sein, dass wir schlafen müssen. Auf den Punkt bezüglich des Cortisolsabbaues in der Nacht bin ich bereits eingegangen.

In diesem Kapitel möchte ich viel mehr auf jene Punkte eingehen, die einen gesunden Schlaf unterstützen, respektive stören können.
Gerade für Kinder ist der Schlaf ein wichtiger Zeitpunkt für die Entwicklung des Gehirns und für das Abspeichern neuen Wissens.

Das Wichtigste ist natürlich, dass das Gehirn überhaupt in der Lage ist, abzuschalten und zu schlafen. Bereits im Kapitel über das Gehirn habe ich über den Informationsfluss geschrieben. Zu viele Informationen an einem Tag sorgen dafür, dass das Gehirn die ganze Nacht zu tun hat und wir gar nicht zur wirklichen Ruhe kommen können.
Je mehr wir also am Tag erlebt haben, desto wichtiger ist es, auch tagsüber Pausen einzulegen, damit einiges bereits verarbeitet werden kann. Nur so kann das Gehirn in der Nacht auch zur Ruhe kommen.

In unserem Gehirn fließt Strom – das dürfte inzwischen auch kein Geheimnis mehr sein. Natürlich nicht vergleichbar mit unseren elektrischen Geräten;

aber doch fließt er. Wir können uns das auch zu Nutze machen. Ich arbeite gerne mit der Mind-Machine, bei der ich über die Augen und Ohren an das Gehirn herankomme. Aber auch über den Stromkreislauf kann ich Einfluss nehmen. Je nachdem wie viel Strom und mit welchen Impulsen ich ihn den einzelnen Gehirnhälften übertrage, kann ich so ebenfalls Einfluss nehmen. Den Strom, welchen ich mir zu Nutze mache, ist so schwach, dass er körperlich nicht zu spüren ist. Aber doch ist er vorhanden und nimmt Einfluss auf das Gehirn.

Wenn damit also Veränderungen zu erzielen sind, dann muss man sich auch Gedanken machen, wie es allgemein mit elektrischen Einflüssen aussieht.

Bei der Mind-Machine nehme ich gezielt Einfluss; diese setze ich aber nur tagsüber ein.

Was aber ist am Abend und in der Nacht? Da sollte das Gehirn keine derartigen Störungen erfahren. Daher ist es ein absolutes No-go, in Gehirnnähe Stromquellen zu haben.

Fernseher, Computer, Handy usw. haben nichts im Schlafzimmer verloren.

Sie lassen das Gehirn nicht zur Ruhe kommen. Wenn es nicht anders geht und das Handy als Wecker herhalten muss, dann sollte es wenigstens auf Flugmodus geschaltet sein und mindestens ein bis zwei Meter vom Kopf entfernt deponiert werden.

Haben wir den Informationsfluss gedrosselt, vor allem zum Abend hin und die elektronischen Geräte verbannt, können folgende Dinge den Schlaf fördern bzw. stören:

Haben Sie Pflanzen im Schlafzimmer oder gar im Kinderzimmer? Pflanzen sind etwas Schönes und Dekoratives. Sie erzeugen auch Sauerstoff, den wir Tag und Nacht benötigen; nachts jedoch nehmen uns die Pflanzen den Sauerstoff – stattdessen produzieren sie Kohlendioxid.

Aus diesem Grund haben Pflanzen nichts im Schlafzimmer zu suchen.

BEACHTE: *Frische Luft in entsprechender Temperatur fördert einen gesunden Schlaf.*

Ein großer Stressauslöser ist der Lärm. Selbstverständlich ist er gerade in der Nacht besonders störend. Straßenverkehr, eine Kneipe oder Disco in der Nähe können einen erholsamen Schlaf verhindern. Gerade bei einer Haus- oder Wohnungssuche sollte der Lärmfaktor mit zu den Kriterien bei der Auswahl des neuen Zuhauses zählen.

Sollte ein Umzug nicht geplant sein und der Geräuschpegel ist dennoch zu hoch, sollten Sie wenigstens über gedämmte Fenster nachdenken.

Nicht minder unwichtig, aber doch häufig für nicht ernst genug angesehen, ist die Matratze. Beim Kauf sollte ein Probeliegen auf jeden Fall erfolgen. Kaufen Sie nicht die Katze im Sack, sondern achten Sie darauf, dass die Matratze Ihrem Kind liegt. Es geht u. a. um den Härtegrad, aber auch die Füllung sollte beachtet werden.

Selbst beim Kauf von Decken und Kissen sollten Sie auf die Qualität achten. Beim Kauf der Decke achten Sie bitte auf die Wärmeisolation (Sommer/Winter unterschiedlich). Das Kissen sollte so beschaffen sein, dass der Kopf nicht zu hoch gelagert ist; also auf die Stärke achten.

Die Stärke des Kissens und die Beschaffenheit der Matratze sind gerade für die Wirbelsäule wichtig. Wie das Gehirn muss auch die Wirbelsäule in der Nacht „auftanken". Grob erklärt kann man sagen, dass die schwammartigen Bandscheiben sich in der Nacht wieder vollsaugen. Dafür darf die Wirbelsäule nicht gekrümmt werden, damit die Flüssigkeit links und rechts von den Wirbeln „fließen" kann. Mit dieser Flüssigkeit werden wichtige Mineralien verteilt.

Einschub: Innerhalb des Wirbelkanals verläuft das zentrale Nervensystem, welches mit dem Gehirn verbunden ist. Heißt:
Stress in der Wirbelsäule = Stress im Gehirn.

Warum sind die Stärke und die Beschaffenheit der Decke wichtig? Ganz einfach! Wir schwitzen im Schnitt einen halben Liter Flüssigkeit pro Nacht aus. Wichtig ist aber, dass der Körper noch atmen kann. Daher sind auch die oben genannte Raumtemperatur und die Luft in Kombination mit dem Bett entscheidend.

Es gibt noch weitere Dinge, die Einfluss auf den Schlaf haben können.
Alkohol ebnet uns ganz sicher den Weg in den Schlaf. Das heißt aber nicht, dass der Alkohol den Schlaf selbst unterstützt.

Die negativen Effekte sprechen für sich: Die in den ersten Stunden erscheinende Bettschwere verkehrt sich nach der Hälfte der Nacht in Unruhe. Man wacht häufiger auf und Körper und Gehirn erfahren keinen erholsamen Schlaf. Der nächste Effekt, der dem Körper Stress bereitet, ist, dass Alkohol dem Körper Wasser entzieht. Gerade in der Nacht, in der wir nicht trinken und der Wasserhaushalt durch das Schwitzen schon vermindert wird, ist das äußerst kontraproduktiv.

Wichtig für den Menschen ist der REM-Schlaf. Das ist jene Schlafphase, in der wir träumen. Ein Mangel an REM-Schlaf kann die Konzentration, Gedächtnisleistungen und die motorischen Fähigkeiten beeinflussen. In der Nacht haben wir mehrere REM-Schlafphasen, die durch Alkohol jedoch reduziert werden.

In höheren Dosen behindert Alkohol sogar die Atmung.

Den Punkt ‚Alkohol‘ dürfen Sie auf sich beziehen, da ich nicht davon ausgehen möchte, dass Ihr Kind bereits regelmäßig Alkohol trinkt.

Man kann noch einen Schritt weitergehen und auf die Farbgestaltung der Wände oder gar auf Feng Shui eingehen. Die oben genannten Punkte sollen aber mal reichen.

Bezüglich der Schlafdauer gibt es keine ideale Vorgabe. Das muss individuell festgestellt werden. Im Schnitt schläft ein Erwachsener zwischen sieben und acht Stunden. Ein Kind entsprechend länger. Mehr zu schlafen heißt aber nicht automatisch mehr innere Ruhe.

Zu viel Schlaf ist sogar ungesund. Das Gehirn möchte aktiv arbeiten, wird aber zur Ruhe gezwungen. Das löst Stress aus. Davon abgesehen ist der Schlaf längst ein ungesunder, tiefer Schlaf.

Zum Abschluss noch ein paar Fakten zum ‚Schlafen'

> Pro Nacht wachen wir im Schnitt 28 Mal auf. Meistens erinnern wir uns gar nicht daran.
> Im Schnitt brauchen wir sieben Minuten zum Einschlafen.
> In unserem Leben haben wir rund 150 000 Träume gehabt.
> Der Anteil der Schlafwandler liegt bei Erwachsenen bei ca. zwei Prozent; bei Kindern liegt er bei ca. 30 Prozent. (Unter Alkoholeinfluss besteht ebenfalls die Gefahr des Schlafwandels.)
> Im Schnitt schlafen wir 7 Stunden und 14 Minuten.

Der Schlaf ist also wichtig zur Regeneration und zur Abspeicherung von Wissen. Unterstützt wird das von der entsprechenden Ernährung.

Die Ernährung

Wir essen gerne, wir essen viel, wir essen ungesund.
Bewusst gesunde Ernährung findet lediglich bei Erkrankungen statt. Selbst Abnehmversuche sind selten gesunde Ernährungsumstellungen, sondern vielmehr Diäten mit Jojo-Effekten. Eine Diät zeichnet sich durch Defizite aus. Wird in den einzelnen Mahlzeiten weniger gegessen oder werden gar die Mahlzeiten reduziert, reagiert der Körper mit dem Herabsetzen des Grundumsatzes. Der Mensch beginnt abzunehmen. Der Körper kann das aber nur für eine bestimmte Zeit halten. Dann möchte er die Defizite wieder einholen. Der Jojo-Effekt beginnt.

Geraten wir länger in anhaltenden Stress, verlieren wir erst recht das Gefühl für eine bewusste Ernährung. Jetzt, da der Körper besonders darauf angewiesen wäre, ernähren wir uns grundlegend falsch. Wir lassen Mahlzeiten aus, neigen dazu, gerade abends Ungesundes zu uns zu nehmen und achten nicht darauf, dass wir vermehrt Mineralstoffe, Vitamine und Eiweiß benötigen.
Es ist wichtig, möglichst viele verschiedene Inhaltsstoffe zu sich zu nehmen und dabei auf die weniger Guten weitestgehend zu verzichten.
Sie sollten alles vermeiden, was Ihnen schadet; z. B. Glutamate. Ebenso was Ihren Organismus belastet wie gesättigte Fette. Stattdessen vermehrt Dinge, die Ihnen gut tun; wie z. B. Mikronährstoffe.

Zunächst einmal einige grundsätzliche Dinge zur Ernährungseinführung.

Der Mensch benötigt tagtäglich Energie. Diese Energie wird in Kilojoule (kJ) oder Kilokalorien (kcal) angegeben. Enthalten ist diese Energie in

Kohlenhydraten, Fett und Eiweiß.

1kcal entspricht 4,1855kJ.
Dabei hat

> 1 Gramm Eiweiß 4,1kcal,
> 1 Gramm Kohlenhydrate 4,1kcal und
> 1 Gramm Fett 9,3kcal.

Aber ACHTUNG:
Das sind keine Angaben für eine Gewichtsreduktion. Kalorien zu zählen, ist ein ungünstiger Weg zum Abnehmen. Der Grund: Kalorien sind nicht gleich Kalorien! Lediglich die Kalorien von Kohlenhydraten und Fetten können ansetzen. Nicht aber die Energie von Eiweiß.

Oben erwähnte ich bereits den Grundumsatz. Das ist der Verbrauch, den ich benötige, wenn ich keine Leistung erbringen muss.

Den Grundumsatz pro Tag berechnet man wie folgt:

Körpergewicht (kg) x 24 (Std.) x 1 (kcal)

Benötigt wird der Grundumsatz für zwei Bereiche:
1. 40% für die Aufrechterhaltung von Hirn-, Herz-, Kreislauf-, Nierentätigkeit und Atmung.
2. 60% für die Wärmeproduktion.

Für den Arbeits- und Leistungsumsatz kommen pro Stunde je nach Schwere der Tätigkeit einige Kalorien hinzu.

	männlich:	weiblich:
Leichtarbeit	unter 75	unter 60
mittelschwere Arbeit	75 – 150	60 – 120
Schwerarbeit	150 – 200	über 120
Schwerstarbeit	über 200	

So viel einmal zur Einführung in das Thema ‚Ernährung'.

Schauen wir uns nun die Hauptenergielieferanten etwas genauer an; vor allem unter dem Stress-Aspekt.

Kohlenhydrate

Es gibt folgende Arten von Kohlenhydraten:

→ Einfachzucker (Monosaccharide, z. B. Traubenzucker)
→ Zweifachzucker (Disaccharide, z. B. Kristallzucker)
→ Mehrfachzucker (Oligosaccharide, z. B. Hülsenfrüchte)
→ Vielfachzucker (Polysaccharide, z. B. Cellulose)

Da die Kohlenhydrate im Körper abgespeichert werden, ist es ausreichend, sie nur in der ersten Tageshälfte zu sich zu nehmen. Der Körper kann auch zu einem späteren Zeitpunkt auf diesen Energielieferanten zurückgreifen. Haben wir aber eine „Überdosis" zu uns genommen, so drohen uns „Rettungsringe"; wir nehmen also zu.

Bei langanhaltendem Stress ist wichtig:

KEINE schnellen Kohlenhydrate!

Dazu gehören u. a. Nudeln, Reis und Süßigkeiten. Sie halten nur 1-2 Stunden an. Die Folge wäre eine Unterzuckerung.

So sollte auch der Einfachzucker in Form von Obst am Abend vermieden werden. Durch den Apfel beispielsweise schüttet der Körper Insulin aus, was wir für die Nacht gar nicht gebrauchen können.

Die letzte Folge der Einnahme der schnellen Kohlenhydrate ist die Cortisolausschüttung; also noch mehr Stress.

Wie also wäre es richtig?

→ vermehrt Vollkornprodukte
→ immer in Verbindung mit Fetten und Eiweißen essen

Ziel ist die Senkung des Blutzuckers und die Vermeidung von Insulin- und Cortisolausschüttung.

Fette

Zu den Fetten ist zu sagen, dass sie äußerst wichtig sind. Gerade die Omega-3-Fettsäuren sind bedeutend. Enthalten sind sie z. B. in Fischen, Walnüssen oder Leinöl.

So wichtig sie auch sind, so sollte die Tagesmenge doch nicht mehr als ca. 60 – 80g betragen. Es gab Zeiten, da lag der Konsum von Fetten deutlich darunter. Heute, da beinahe in fast allen Lebensmitteln Fett enthalten ist, liegen wir zumeist über dem Soll.

Eiweiß

Der Eiweißhaushalt ist besonders wichtig. Sei es bei körperlicher Belastung, beim Abnehmen oder aber bei geistiger – also Kopf-Arbeit.

Eiweiße, auch Proteine genannt, werden vom Körper nicht abgespeichert. Sie stehen dem Körper lediglich 3-4 Stunden zur Verfügung. Somit es nicht sehr dienlich, am Morgen ein halbes Schwein zu essen und den Rest des Tages auf Eiweiß zu verzichten.

In jeder Mahlzeit muss Eiweiß enthalten sein. Zudem darf es Zwischenmahlzeiten geben. Bestehen diese ausschließlich aus Proteinen, gibt es auch kein Problem mit der Insulinausschüttung und somit kollidiert sie auch nicht mit etwaigen Abnehmprogrammen.

Pro Tag benötigt der Mensch, je nach körperlicher und geistiger Belastung 1,0 bis 2,0 Gramm Eiweiß pro Kilogramm Körpergewicht. Für die körperliche Belastung ist es wichtig, da der Muskel nur Proteinbausteine „verwenden" kann. Bei extremer geistigen Belastung – also gerade bei Stress – werden diese Bausteine bedingt durch das Cortisol schneller abgebaut.

Während bei der körperlichen Belastung grundsätzlich auf Eiweiß geachtet werden muss, verhält es sich bei der geistigen Belastung etwas anders.
Hier sollten es gesunde Eiweiße wie Fisch, Eier, Soja- und Milchprodukte, Nüsse, Getreide, Geflügel und Kalbfleisch sein.
Sinnvoll ist ein Verzicht auf rotes Fleisch (Rind und Schwein), Wurstwaren und Soßen mit viel Fett und Butter.

Der Körper verbraucht im Stress deutlich mehr Kalorien. Dadurch greifen wir auch gerne zu Süßigkeiten, was die Insulinausschüttung vorantreibt.
Deshalb: **vermehrt Eiweiß in Stresssituationen!**

Das Eiweiß stärkt zudem das Immunsystem, welches bei chronischem Stress sowieso sehr anfällig ist.

Mineralstoffe und Vitamine

Über die Ernährung lässt sich so vieles sagen, so auch über Mineralstoffe und Vitamine. Damit es nicht ausartet, werde ich nur auf einiges kurz eingehen.

Um Netzwerke des Denkens zu schaffen, benötigen wir aber nicht nur das Eiweiß. Ebenso wichtig dafür sind **Salze**. Die Datenautobahnen werden durch elektrische Impulse genutzt. Wer sich an seinen Physikunterricht erinnert, weiß, dass Salz dafür bedeutend ist.
Bei der Hinzugabe von Salz in destilliertes Wasser kann die Spannung eines Stromkreislaufes in einem Becken mit einem Plus- und einem Minuspol messbar gemacht werden.

Auf den Punkt gebracht: das Gehirn braucht Salz für die Zellkommunikation, damit die Reize über die Nervenbahnen transportiert werden können.
Dabei beachten Sie bitte dennoch, dass Sie sparsam beim Verzehr mit Salz umgehen. Eine zu große Menge ist auch wieder nicht gesund.

Magnesium ist an vielen Stoffwechselvorgängen im Körper beteiligt. Der tägliche Bedarf an Magnesium liegt bei etwa 300-400mg. Da der Körper nicht in der Lage ist, Magnesium selbst zu produzieren, muss dieser wichtige Mineralstoff dem Körper durch die Nahrung zugeführt werden. Bei körperlichem oder geistigem Stress, in Wachstumsphasen und bei Sportlern sowie im Alter kann der Bedarf erhöht sein. Magnesium ist praktisch in allen Nahrungsmitteln enthalten - selbst im Wasser.

Die Aufgaben vom Magnesium sind vielfältig. So ist es für die Weiterleitung von Nervenimpulsen auf die Muskulatur verantwortlich. Zudem aktiviert es Enzyme für die Energiegewinnung (Verbrennung von Kohlenhydraten) und es trägt seinen Teil bei der Arbeit im Magen-Darm-Trakt und im Herzmuskel bei.
Benötigt wird es aber auch beim Aufbau von Eiweißen, die – wie wir jetzt wissen – sehr wichtig sind.

Durch die Ausschüttung von Adrenalin und Noradrenalin wird das Magnesium aus den Körperzellen verdrängt. Die Folge ist die Gefährdung von Herz und Kreislauf.

Enthalten ist das Magnesium beispielsweise in Bananen, Mandeln, Hülsenfrüchten, Naturreis, Mineralwasser u. a.

Kalzium hat im Körper ebenfalls einige Aufgaben. Ein Mangel führt zu einer schlechten Regulierung der Reizleitung zwischen den Nervenzellen. Die Folge sind schlechtere körperliche und geistige Leistungen.
Enthalten ist Kalzium in Milch und Milchprodukten wie Käse und Quark, Mineralwasser usw.

Kalium stärkt die Nerven und ist in Milch, Äpfeln, Sellerie u. a. enthalten.

Eisenmangel führt zum chronischen Müdigkeitssyndrom, zu Nervosität, Konzentrationsschwäche u. a. Die Aufnahme erfolgt durch Petersilie, Spinat, Haferflocken u. a.

Vitamin B1 gilt als ,Nerven-Vitamin'. Es stärkt die Nerven des Menschen grundsätzlich bei Stress. Es ist u. a. in Haferflocken und Müsli enthalten.

Vitamin B2 bremst die Aktivität der Stresshormone. Mit Pilzen, Eiern, Lachs und Mandeln nimmt man es beispielsweise auf.

Vitamin B6 gilt als die Wunderwaffe gegen Stress. Erschöpfungszustände sind häufig auf den Mangel dieses Vitamins zurückzuführen. Enthalten ist dieses Vitamin z. B. in Fisch, Banane, Spinat, Walnüssen.

Vitamin B12 stärkt im Allgemeinen die Nerven und lässt sich in Eiern, Milch, Käse, Ölsardinen u. a. finden.

Vitamin C ist ein spannendes Vitamin; wenn man das so sagen kann. In Deutschland gibt es die offizielle Angabe der empfohlenen Tagesdosis, die 75mg beträgt. Die US-Amerikaner nehmen Zusätze mit 1000mg zu sich.
Fakt ist, dass bei nur 15 Minuten Stress der Mensch ca. 300 – 350mg Vitamin C verbraucht. Der daraus resultierende Mangel schwächt das Immunsystem. Mit Südfrüchten, roter Paprika, Petersilie u. a. kann der Haushalt wieder aufgefüllt werden.

Auf das **Vitamin D** bin ich bereits auf Seite 73 eingegangen.

Zur Ernährung gehört selbstverständlich auch das Trinkverhalten. **Wasser** ist auch in Stresssituationen besonders wichtig. Der menschliche Körper besteht aus Billionen von Zellen, die wiederum vorwiegend aus Wasser bestehen. Fehlt es an Wasser, werden Informationen schlechter bzw. gar nicht mehr weitergeleitet.
Ein Flüssigkeitsmangel bedeutet für das Gehirn Stress pur. Dabei führt Stress zu einer Dehydrierung. Die Folge ist, dass die Denkleistung nachlässt; Kopfschmerzen stellen sich ein. Dieser Flüssigkeitsmangel muss nicht mal allzu

groß sein. Bereits ein geringer Mangel von nur fünf Prozent führt im Gehirn zu einem Leistungsabfall von 20 Prozent!
Als Randnotiz: Flüssigkeitsmangel führt natürlich auch zum Leistungsabfall in der Muskulatur.

Pro 20kg Körpergewicht sollte ein Liter Wasser getrunken werden. Dabei spielt auch die Verteilung eine wichtige Rolle. Pro Stunde nimmt der Körper nur 0,2 Liter Flüssigkeit auf. Daher bringt es wenig, drei Liter auf morgens, mittags, abends zu verteilen. Bei heißem Wetter oder sportlichen Aktivitäten können es bis zu 0,8 Liter Aufnahme sein. Hier kommt es aber auch darauf an, wie viel Masse der Körper hat. Ein Schüler mit einem Gewicht von 30kg nimmt im Verhältnis zu seinem Lehrer von 90kg selbstverständlich nicht die gleiche Menge auf.

WICHTIG:
Trinken vor dem Durstgefühl, ansonsten leiden wir bereits unter einer Mangelerscheinung!

Haben Sie Schwierigkeiten mit der Menge oder der Häufigkeit, sollten Sie, bis es zur Routine geworden ist, Hilfen in den Alltag einbauen. Stellen Sie sich den Wecker auf dem Handy. Lassen Sie ihn jede Stunde kurz klingeln und Sie wissen, dass es Zeit für Ihre 0,2 Liter sind. Oder stellen Sie am Abend die Trinkmenge des nächsten Tages bereits auf den Tisch. Nach zwei bis sechs Wochen wird es Ihnen schon viel leichter fallen.

Nun bin ich vor allem auf jene Lebensmittel und Vitamine eingegangen, von denen Sie vermehrt einnehmen sollten. Das Pendant dazu sind jene, die Sie in reduzierter Form zu sich nehmen sollten.

Worauf haben wir in Stresssituationen am häufigsten Heißhunger?
Auf Schokolade und allen anderen Süßkram. Mit anderen Worten: auf **Zucker**!
Zucker ist jedoch genau das, worauf wir verzichten sollten. Zumindest sollte der Zucker auf ein Minimum reduziert werden. Es muss nur süß schmecken und schon wird die Ausschüttung von Insulin ausgelöst. Der Mensch benötigt in etwa 13 Gramm Zucker pro Tag. Was glauben Sie, wie viel wir

heutzutage tatsächlich aufnehmen? Haben Sie eine Vorstellung? Denken Sie dabei nicht nur an Schokolade, Kuchen oder Gummibärchen. In den meisten Fruchtsäften ist sehr viel Zucker enthalten. Ebenso in vielen anderen Lebensmitteln. Die Einnahme sollte nicht mehr als 50g betragen.

Im Schnitt kommen wir auf mehr als hundert Gramm am Tag. Dabei dürfen wir nicht vergessen, wie viele tatsächlich so gut wie keinen Zucker zu sich nehmen! Somit müssen einige deutlich mehr essen!

> In 150g Fruchtjoghurt sind ca. 12g Zucker enthalten.
> Eine Tafel Vollmilchschokolade bringt es auf etwa 39g Zucker.
> Ein Liter Cola bringt es auf ca. 110g Zucker.
> Ein Liter Fruchtsaft enthält ca. 120g Zucker.

Durch den vielen Zucker setzen wir unseren Körper unter Dauerstress, da er ständig Insulin produzieren muss. Dieses benötigen wir, um jede Form von Zucker – Einfachzucker wie Mehrfachzucker, also von Schokolade über Obst bis zu den Nudeln – zu verstoffwechseln.

Haben wir den Zucker im Blut verarbeitet, sinkt natürlich auch unser Leistungsniveau wieder. Die Folge ist, dass wir müde werden. Daraus resultiert wiederum, dass wir erneut Appetit bekommen oder tatsächlichen Hunger haben.
Haben wir sogar mehr Insulin ausgeschüttet, als wir benötigt haben, fallen wir in ein noch größeres Loch; bekommen eine richtige Heißhungerattacke auf Kohlenhydrate, damit der Körper das überschüssige Insulin wieder abbauen kann.

Daher rate ich auch davon ab, Schülern Traubenzucker mit in die Schule zu geben. Gerade in einer Klassenarbeit soll die Konzentration länger als nur einige Minuten anhalten.

Mein Ziel ist es nun aber auch nicht, Sie davon abzuhalten, Ihren Kindern gar keine Süßigkeiten mehr zu gestatten. In Maßen ist es natürlich in Ordnung. Vielleicht nur nicht zu viel beim Lernen oder am späten Abend.

Neben dem Zucker haben wir ein weiteres großes Problem mit unserer Ernährung. Dieses Problem heißt **Glutamat**.
Beinahe jedes Fertiggericht ist geradezu vollgestopft mit Glutamaten. Auf diese Weise werden die Produkte billig mit feinem Geschmack intensiviert oder verstärkt.

An dieser Stelle möchte ich Glutamat als gefährlich bezeichnen!

Es spielt nur eine untergeordnete Rolle, dass unser Geschmackssinn extrem beeinträchtigt wird.
Die wahre Gefahr liegt bei der Wirkung im Gehirn.
Dort agiert eine „Datenautobahn". Ständig werden Impulse durch das Gehirn geschossen. Das Glutamat wirkt dabei wie ein Elektroschocker. Ohne System werden Fehlreize durch das Gehirn gejagt. Stellen Sie sich ein Gewitter vor, bei dem die Blitze willkürlich einschlagen. Die Folge davon ist eine Unausgeglichenheit, die bis zur Aggression führt.
Gerade bei Kindern ist es gefährlich. Die Symptome kommen dem Aufmerksamkeitsdefizit (ADS/ADHS) gleich.

Ein Konzentrationskiller sind **künstliche Inhaltsstoffe**. Vor allem Farbstoffe gelten als äußerst ungünstig. Eine englische Studie hat nachgewiesen, dass sich bestimmte Farbstoffe negativ auf das Gehirn auswirken können.
Als Konzentrationsblocker erkannt wurden die Lebensmittelfarben E102, E104, E110, E122 und E129.

Nun noch einen Rat bezüglich der allseits beliebten Nahrungsergänzungsmittel. Weniger ist manchmal mehr. Versuchen Sie zunächst ihren Haushalt mit frischen Lebensmitteln aufzufüllen. Sollten Sie dennoch zu Alternativen greifen, konzentrieren Sie sich auf eines und nicht auf Kombiprodukte. Diese heben sich häufig in der Wirkung gegenseitig auf. Zum Beispiel Magnesium und Kalzium: beides in gleicher Menge eingenommen, wird die Wirkung aufheben. Ebenso verhält es sich mit Magnesium und Zink. Da beide Mineralien über die Rezeptoren aufgenommen werden, blockieren sie sich gegenseitig.
Die Kombination von Zink und Vitamin C wirkt eher anregend; manchmal gar aufputschend.

Multivitaminkapseln sind ebenfalls eher als Geldmaschine anzusehen.

Achten Sie aber bitte darauf, dass Sie bei Einzelwirkstoffen nicht zu einer Überdosierung greifen. Selbst kleinste Mengen zu viel können sich schädlich auf den Organismus auswirken. Das sind vor allem die fettlöslichen Vitamine wie Vitamin A, D und E sowie der Mineralstoff Eisen.

Kurze Zusammenfassung:

1. Wenige und vor allem keine schnellen Kohlenhydrate essen.
2. Auf eine eiweißhaltige Ernährung achten.
3. Omega-3-Fette in die Ernährung aufnehmen.
4. Vermehrt Magnesium, Kalzium, Vitamin B-Komplex und C aufnehmen.
5. Auf den Vitamin-D-Haushalt achten.
6. Auf gutes Salz achten.
7. Ausreichend Wasser trinken.
8. Möglichst wenige Fertiggerichte essen.
9. Nahrungsergänzungsmittel nicht vermischen und wohl dosiert einnehmen.
10. Auf natürliche Vielfalt und Farben auf dem Teller achten.

Selbst wenn ich mir an dieser Stelle keine Freunde mache, möchte ich auf die Modeerscheinung „vegane Ernährung" eingehen. Es dürfte jedem bewusst sein, dass sie nicht wirklich gesund ist. Veganer erleben in der Anfangsphase ein gesundes Gefühl. Die Mangelerscheinungen treten erst nach einigen Jahren auf; zudem leben sie einige Jahre kürzer. Der Mensch hat vor drei Millionen Jahren begonnen, sich zu entwickeln. So eine lange Zeit ist und war er „Fleischfresser". Wichtige Nährstoffe nimmt er ausschließlich mit Tierischem auf. Weder kann er sie selbst produzieren, noch sind sie in Pflanzlichem enthalten. Ohne Vitamin B 12 kommt es zur Verschlechterung der kognitiven Leistungsfähigkeiten. Müdigkeit und Erschöpfung sind die Folgen. Ein Mangel macht den Menschen krank.
Ein Erwachsener ist alt genug, um für sich diese Entscheidung zu treffen.

BITTE unterstützen Sie es nicht bei Ihrem Kind. Es soll wenigstens die Chance erhalten, komplett, körperlich wie geistig, ausgebildet zu werden.

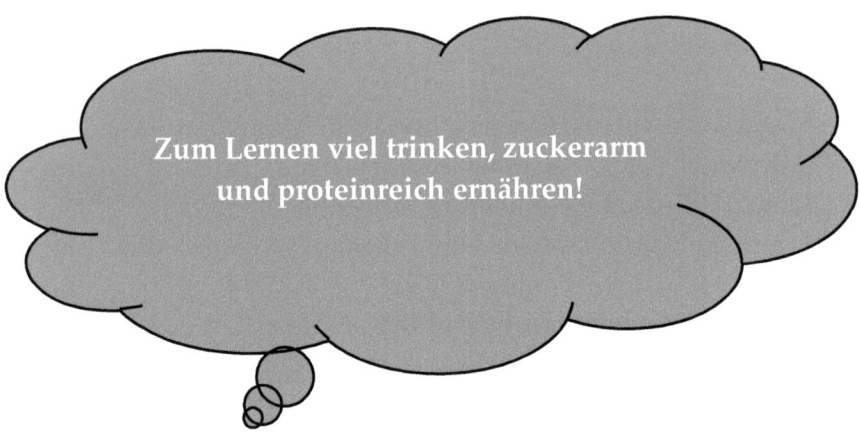

Zum Lernen viel trinken, zuckerarm und proteinreich ernähren!

Ein großes Thema ist der Bildschirm. Wenn es um das Lernen geht, kommt man daran auch nicht vorbei. Die Rede ist von jeglicher Form von Bildschirm. Im Wachstum des Gehirns entstehen irreparable Schädigungen. Bei einem erwachsenen Gehirn kommt es natürlich bei zu hohem Bildschirmkonsum zu Schädigungen bzw. zu Verkümmerungen einzelner Hirnareale. Sie sind jedoch regenerierbar.

Daher ist das Thema ernsthaft hochbrisant und wird dennoch von vielen nicht ernst genug genommen. Eltern verbieten ihren 13-jährigen Kindern das Rauchen, den Alkohol und das Kiffen. Warum? Weil sie darauf sensibilisiert sind. Nicht so auf den Bildschirm. Dabei sind diese Schäden höher einzuschätzen. Die Lunge wird sich vom Rauch besser befreien können, als dass sich die einzelnen Hirnareale im erwachsenen Alter neu entwickeln können.

Handy und Co.

Der Bildschirm birgt auf unterschiedliche Weisen seine Gefahren. Er ist Hauptverursacher der Informationsflut.

Diese Flut ist wahrhaft gewaltig. Der Hippocampus hat alle Hände voll zu tun. Die Informationen beim Fernsehen kommen über die vielen Bilder - mindestens 24 pro Sekunde, den Tönen, das Gesagte, die Musik und die Nebengeräusche, sowie von der Handlung. Das Gehirn muss parallel begreifen, was da gerade vor sich geht. Dabei darf nicht vergessen werden, welche Eindrücke der Mensch bis vor wenigen hundert Jahren zu bewältigen hatte. Das Gehirn entwickelt sich gewiss auch weiter, aber bei Weitem nicht in der Geschwindigkeit, wie sich die aufzunehmenden Informationen vermehren. Die inzwischen für den Menschen alltäglichen Dinge wie Straßenverkehr, Lärm, Streitigkeiten und vieles mehr, sind für das Gehirn eine Herausforderung. Es muss lernen, schneller zu verarbeiten; denn die Nacht, in der die Verarbeitung abläuft, wird kaum länger werden.

Es ist schwer, sich vorzustellen, wie groß die Datenmenge tatsächlich ist, die ein Gehirn pro Nacht verarbeiten kann.

Ein kindliches Gehirn von ca. 10 Jahren kann gerade einmal 50 bis 60 Minuten Fernsehen in einer Nacht verarbeiten.

Ungünstig ist auch noch, dass das Gehirn versucht, alles rückwirkend zu verarbeiten. Das heißt, er beginnt mit dem Abend, dann kommt der Nachmittag, der Mittag, Vormittag und der Morgen. Für das Schulische bleibt da keine Zeit mehr. Durch diese Fakten sollte nun nicht die Idee aufkeimen, die Schule auf die zweite Tageshälfte zu verlegen. Das Gehirn lernt am Vormittag besser als abends und der Biorhythmus darf auch nicht vergessen werden.

Ein Erwachsener schafft pro Nacht gerade einmal 90 bis 100 Minuten. Das sollte wirklich Bewusstsein schaffen. Tagsüber beruflicher Stress, Stress auf der Straße mit Verkehr und Lärm, zwischenmenschlicher Stress, Freizeitstress, usw. usw. Abends zum Abschalten wird noch ein Krimi geschaut und der wird das einzige sein, was das Gehirn verarbeitet. Alles andere wird in die Warteschleife gesteckt.

Da ,schläft' man acht Stunden in seinem Bett und wundert sich, dass man am nächsten Morgen wie gerädert ist. Das Gehirn soll alles in die Großhirnrinde einbringen, aber es braucht auch noch Zeit für die Erholung. Diese fehlt – somit folgt ein schlechter Morgen. Auf Dauer verursacht das den klassischen Stress.

Neben der Informationsflut haben wir natürlich auch noch die Gefahren, die das Jugendschutzgesetz beinhaltet. Vieles wird geschaut und gespielt, was nicht altersgerecht ist. Darauf komme ich später noch einmal zurück.

Zudem kann der Bildschirm, wenn er unkontrolliert genutzt wird, das gesamte Strukturnetz zerstören.
Aus diesen Gründen ist es von großer Bedeutung, dass klare Regeln vereinbart werden.

Es werden Dauer und Uhrzeiten ausgemacht, wann der Bildschirm angeschaltet wird. Das gilt für TV wie für den PC.
Gemeinsam werden das TV-Programm und PC-Spiele bzw. Internetseiten ausgewählt.

Außerdem:

TV + PC gehören nicht in ein Kinderzimmer. Was früher das Lesen mit Taschenlampe unter der Decke war, ist heute das heimliche Fernsehen und Onlinespielen.

Stellen Sie sich vor, im Fernsehen hat sich ein Kind einen Horrorfilm angesehen. Da kommen zum einen die große Informationsflut und zum anderen das Negativerlebnis mit seiner 20-fachen Stärke im Gehirn des Kindes zur Verarbeitung an.
In unserem stressbeladenen Tag ist es keine Seltenheit mehr, dass es in unserem Gehirn wie auf einer Autobahn zur Stoßzeit zugeht. Bei rund 20 Hertz ist an Entspannung nicht zu denken.
In der Nacht sollte die Aktivität daher auf 5- 8 Hertz runtergefahren werden. Bei unruhigen Nächten liegen die Frequenzen schon mal bei 14 Hertz und in Extremfällen sogar darüber. Siehe dazu die übernächste Seite.

Mit einer Tiefenentspannung kann man dem Gehirn Ruhe verschaffen. Eine Tiefenmeditation, eine Hypnose o. a. bringen die Aktivitäten runter auf bis zu unter 4 Hertz.

Wobei betont werden muss, dass dadurch allein kein chronischer Stress beseitigt werden kann. Es ist nur eine Zutat des Rezeptes.

Kindgerechtes Programm nach Art, Zeit und Dauer!!!

FREQUENZEN DER HIRNSTRÖME

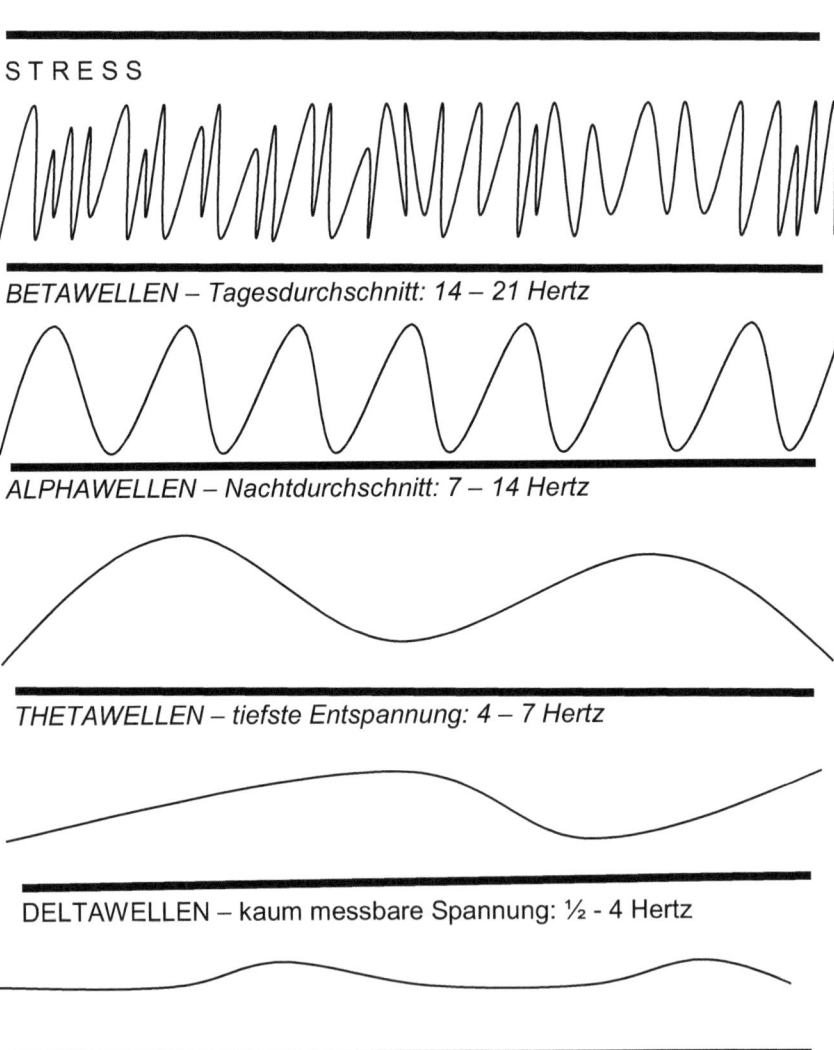

STRESS

BETAWELLEN – Tagesdurchschnitt: 14 – 21 Hertz

ALPHAWELLEN – Nachtdurchschnitt: 7 – 14 Hertz

THETAWELLEN – tiefste Entspannung: 4 – 7 Hertz

DELTAWELLEN – kaum messbare Spannung: ½ - 4 Hertz

- ➢ Die Betawellen geben den durchschnittlichen Wert des Tagesbewusstseins wieder.
- ➢ Die Alphawellen geben den durchschnittlichen Wert in der Nacht (Schlaf) wieder.
- ➢ Die Thetawellen geben den durchschnittlichen Wert der Tiefenentspannung wieder.
- ➢ Die Deltawellen zeigen eine kaum messbare Körperspannung an – kein Schmerzempfinden. Zu erreichen beispielsweise in der Hypnose.

Die hier angegebenen Werte sind Richtwerte!

Das Handy findet einen besonderen Platz in diesem Buch. Die Menschen nutzen es immer mehr und verzichten dafür immer häufiger auf das Fernsehen und den Computer. Es ist zum wichtigsten Spielzeug geworden. Dabei ruiniert es das Gehirn auf unterschiedlichste Weisen.
Es ist für jedes Alter ungesund, das Buch konzentriert sich jedoch auf die Schüler.
Auf vorherigen Seiten ging es um Struktur und Erziehung. Kinder bekommen so vieles beigebracht und anderes schauen sie ab. Sie lernen in der Schule die Inhalte einzelner Fächer, sie lernen zu Hause Benehmen und Anstand, sie lernen Schwimmen und Fahrradfahren und vieles, vieles mehr. Wie lernen sie den Umgang mit dem Handy? Darf man voraussetzen, dass sie es von allein wissen? Weder bekommen sie es beigebracht und entsprechend erklärt, noch bekommen sie es richtig vorgelebt. Bereits im Säuglingsalter sehen sie ihre Eltern viel zu oft am Handy. Über ein Drittel der Ein- bis Drei-Jährigen bekommen das elterliche Handy zum Spielen.

Kinder brauchen ganz klare Handy-Regeln!
Bis zu einem bestimmten Alter bzw. bis zu einer bestimmten Reife sollte das Handy durch die Eltern kontrolliert werden. Nicht selten höre ich Gegenargumente, wie „Intimsphäre meines Kindes". Bei einem 11-jährigen Kind hat das wenig mit Intimsphäre zu tun. Es geht hierbei um den Schutz des Kindes. Am Computer wird um ein Vielfaches häufiger kontrolliert, auf welchen

Seiten Kinder unterwegs sind. Bei den Handys wird auf Vertrauen gebaut. Das funktioniert aber nicht. Dem eigenen Kind kann man selbstverständlich Vertrauen schenken, aber es weiß häufig nicht, was gut ist und was nicht. Da ist die Neugierde oft zu groß. Zudem geht es nicht nur um das Vertrauen zum eigenen Kind. Oftmals entstehen Kontakte oder Äußerungen, auf die auch das eigene Kind keinen Einfluss hat.

In den vergangenen Jahren wurde mir von 11- bis 13-Jährigen vielfach folgende Geschichten erzählt, bzw. auf den Handys gezeigt:

→ Pornografische Schriften und Filme
→ Mobbing im Klassenchat
→ Nächtliches Onlinetreffen, um zu spielen
→ von Fremden angeschrieben worden

Auf meine Frage, was die Eltern dazu sagen, bekomme ich in den absolut meisten Fällen die gleiche Antwort: Sie wissen nichts davon.
Kinder gehören beschützt.

Ein weiterer Punkt ist die Datenflut. Darauf ist bereits eingegangen worden. Die ist beim Handy besonders groß, da das Gehirn nicht nur sensorisch aktiv ist. Durch die Fingertätigkeiten ist es auch motorisch aktiv. Es gilt mehr zu verarbeiten.

Ein dritter Punkt beim Handy ist der fehlende Aufbau des ein oder anderen Gehirnareals, da durch hohe Nutzung einige wenige besonders „trainiert" und somit aufgebaut werden. Sie brauchen Platz und andere wiederum verkümmern bzw. werden nicht aufgebaut.
Der geistige und mentale Schaden betrifft im Grunde die gesamte Gesellschaft, da nur noch wenige ohne Handy, respektive mit geringer Handynutzung, auskommen. Die Veränderungen auf verschiedenen Ebenen im Verhältnis zu früheren Generationen, damit sind gerade mal 25 Jahre gemeint, ist immens.
Zur besseren Vorstellung eine kurze Zusammenfassung einer Studie von Londoner Taxifahrern. Bei den Fahrern wurde über einen längeren Zeitraum der Hippocampus überprüft. Wir erinnern uns, er ist unter anderem für die

110

Erstellung von Karten im Gehirn zuständig. Je mehr Dienstjahre die Taxifahrer zu verzeichnen hatten, umso größer war ihr Hippocampus. Sie haben ihr Gehirn zu einseitig trainiert, so dass es dazu führte, dass andere Areale verkümmerten.

Auch zu beachten ist, dass der hohe Konsum zu einer Abnahme der Gehirnmasse führt.

Smartphone und Co. führen zu einer digitalen Demenz.
Man stelle sich das eigene Kind vor und lese dazu die Folgen bei einer Nutzung von täglich zwei Stunden und mehr.

→ **Empathieverlust**

→ **Kontrollverlust**

→ **Aufmerksamkeitsdefizite**

→ **verminderte Lernfähigkeit**

→ **wachsende Impulsivität**

→ **Schlafstörungen**

→ **Abhängigkeit / Sucht**

→ **Motivationsverlust**

Empathieverlust heißt ganz klar: ich weiß nicht, was der Lehrer oder Chef von mir wollen! Die Schlafstörungen führen zu den klassischen Stresserkrankungen. Konzentrations- und Motivationsmangel sind mit die ersten Auffälligkeiten. Nicht, dass sie zuerst auftreten würden, aber sie werden als erste erkannt. Beide Punkte, genauso wie die verminderte Lernfähigkeit, sind Grund dafür, dass die Schule angepasst werden muss. Meine Generation hat noch doppelt so viele Klausuren pro Schuljahr geschrieben wie die heutige. Es hat sich tatsächlich einiges geändert und doch leiden die heutigen Schüler mehr unter Schulstress. Ihr Gehirn kann nicht mehr so gut lernen und verarbeiten. Laut Studien sind inzwischen sehr viele Jugendliche handysüchtig. Aber ab wann sprechen wir von einer Sucht? In einigen Studien wurden

Jugendliche, in anderen ihre Eltern befragt. Es gibt Apps, die jede Nutzung festhalten und die nutzbare Zahlen liefern.

Mehr als zwei Stunden am Tag ist zu viel. Wer drüber liegt und damit nicht auskommt, unruhig und impulsiv wird, hat bereits ein großes Problem.

Im Gehirn verkümmern Bereiche, die für soziale Kontakte zuständig sind. Der präfrontale Cortex, direkt hinter der Stirn sitzend, ist verantwortlich für höhere kognitive Prozesse; er besitzt große Bedeutung für die Persönlichkeitsstruktur. Schäden führen weniger zu Intelligenzdefiziten als zu Persönlichkeitsveränderungen. Im präfrontalen Cortex sind die Bereiche für Empathie und Konzentration betroffen. Immer mehr Kinder und Jugendliche ziehen sich zurück in eine eigene Welt. Dazu ist unter ‚Geschichten in der Praxis‘ mehr zu lesen.

Mit dem Smartphone werden auch online Wörter oder Fakten nachgeschlagen. Dadurch lernt das Gehirn nicht mehr so intensiv wie bei einem Nachschlagen in einem Buch. Mit google, wikipedia und Co. bleiben nachweislich 40 Prozent weniger von dem Erlernten hängen.

Auf das limbische System ist das Buch bereits eingegangen. Es ist unter anderem für die Motivation zuständig. Durch die hohe Nutzung des Handys kommt es nicht mehr zur Langeweile; einem Prozess, welches das limbische System zum Arbeiten benötigt. Langeweile tritt nicht mehr so häufig auf; falls doch, folgt der Griff zum Handy. Kinder kennen keine Langeweile mehr. Darunter leidet die Motivation. Das ist unlängst auch in Vereinen zu spüren. Gerade im Wettkampfsport sind immer weniger bereit, mehrmals die Woche für Wettkämpfe zu trainieren.

Eine häufig gestellte Frage lautet, wie man Motivation steigern kann.

Das Gehirn stellt die Motivation stets zur Verfügung. Daher muss gefragt werden, wie und welche Motivationskiller beseitigt werden können bzw. müssen.

Der Motivationskiller schlechthin ist die große Ablenkung. Das wird schnell deutlich, wenn wir Schüler aus Deutschland mit Schülern aus Somalia oder dem Sudan vergleichen. Die afrikanischen Kinder gehen sehr gerne in die Schule. Nicht nur, damit sie einen Beruf erlernen und ein anständiges Leben führen können. Sie haben tatsächlich Freude am Lernen. Es ist für sie eine angenehme Ablenkung in ihrem Alltag. In ihrer Freizeit spielen sie mit selbsthergestelltem Spielzeug. Deutsche Kinder sind verwöhnt von Ablenkung. Sie müssen sich keine Gedanken machen, ein Dach über dem Kopf zu haben, jederzeit essen zu können und die Schule wird nicht mehr als ein Privileg, sondern ein kleines Übel, welches von einigen notgezwungen durchlaufen wird. Zudem kommen die konkreten Ablenkungen der vielfältigen Freizeitgestaltungen und vor allem der Computer und das Handy. Man kann sagen, das Motivationszentrum ist gesättigt. Die innere Zufriedenheit ist mit einem Computerspiel schneller und häufiger zu erreichen, als wenn für zwei, drei Wochen auf eine Arbeit hin gelernt werden muss und eine eventuelle Freude durch eine gute Note sich nur kurzfristig einstellt.

Motivation braucht Struktur, Zielsetzungen, Schlaf und weniger Killer wie Bildschirm und Alkohol.

Durch die fehlende Motivation bleiben Schüler bei Problemen auch seltener am Ball. Schwere Aufgaben werden ein bis drei Mal neu angegangen; dann folgt das Aufgeben. Das Verhalten zieht sich durch bis ins Erwachsenenalter. Selbst bei einer klaren Zielsetzung sehen wir auch bei Erwachsenen sehr häufig ein schnelles Aufgeben.

Hier sehen wir den Unterschied zwischen erfolgreichen Menschen und jenen, die es gerne sein möchten. Ein erfolgreicher Mensch gibt nicht auf. Er lernt aus seinen Fehlern; das Gelernte setzt er um und so kommt er weiter voran. Die Grundfähigkeit dazu hat jeder Mensch. Leider geht diese Fähigkeit aus Bequemlichkeit mehr und mehr verloren. Im Kindesalter hat jeder diese Fähigkeit besessen. Wir waren hartnäckig. Wenn wir etwas wollten, haben wir daran gearbeitet. Haben Fehler gemacht und daraus gelernt, bis wir das Ziel erreicht hatten.

Ein Beispiel:

In den ersten Lebensmonaten beobachten wir die Erwachsenen, wie sie auf ihren beiden Beinen durch die Welt gehen. Das ist ein Ansporn. Das möchte man auch können. Dafür steht man auf … und fällt hin … steht auf … und fällt wieder hin. Ein Erwachsener hätte nun abgebrochen und sich ein anderes Ziel gesucht. Ein Kleinkind käme jetzt nicht auf die Idee, zu sagen: „Jetzt reichts. Ich krabble durch die Welt." Nein. Es möchte laufen lernen. Jeden Tag übt es im Schnitt sechs Stunden. Pro Stunde fällt es etwa 17 Mal hin. Das heißt, bis ein Kind einigermaßen frei laufen kann, ist es mehrere tausend Male hingefallen, ohne sich beirren zu lassen.

Diese Zahlen stammen von der Amerikanerin Karen Adolph, die über einen längeren Zeitraum viele Kinder mit versteckten Kameras in ihrer gewohnten Umgebung begleitet hat.

Wieder sind die Erwachsenen gefragt. Es geht nicht nur darum, den Kindern Struktur, Ziele, Lerntechniken usw. zu vermitteln, sondern mit gutem Beispiel voran zu gehen.

Mein Motto lautet: DO IT and GO ON!

Wenn ein Ziel formuliert ist – starten – und weitermachen.

Sobald etwas zur Sucht, oder nur annähernd zur Sucht wird, wird es schwer, die Motivation aufrecht zu erhalten.

Die bis an diese Stelle abgehandelten Voraussetzungen müssen geschaffen sein, um tatsächlich das Handwerkzeug für das Lernen anzugehen. Sind die Voraussetzungen gegeben, geht es nun an die Feinarbeit. An das Tuning des Lernens.

Im Idealfall haben wir nun ein Kind, das Struktur bekommt, klare Ziele hat, positive wie negative Konsequenzen sind festgelegt, die Schlafenszeiten passen und der Bildschirmkonsum hält sich in Grenzen. Jetzt kann hingeschaut werden, warum das Lernen zu lange dauert.

Schauen wir nun, mit welchen **Lerntechniken und Lernmethoden** ein Kind arbeitet. Starten werden wir mit einem Blick auf die Aufnahmefähigkeit. Ein Kind sollte in der Lage sein, einen Text zu lesen und zu verstehen. Dabei spielt es keine Rolle, ob es sich um einen Deutsch- oder Geschichtstext handelt oder um eine mathematische Textaufgabe.

Hier haben wir bereits eine große Hürde zu nehmen. Gehen wir in die dritte und vierte Klasse und fokussieren uns auf die wichtigste Wissensaufnahme – dem Lesen. In den letzten beiden Grundschuljahren hören Schüler immer wieder Sätze wie „lies langsamer, damit du mehr aufnimmst" oder „nimm den Finger mal aus dem Buch, den brauchst du nicht mehr". Damit ist der Grundstein gelegt, auch in späteren Klassen Schwierigkeiten mit Texten zu haben bzw. sich auf die Inhalte konzentrieren zu können.

An dieser Stelle gehe ich auf zwei große Fehler des deutschen Schulsystems ein, die die Schüler bei der Wissensaufnahme massiv ausbremsen.

1. Schüler lernen nur zwei Jahre das Lesen!

Als Gegenbeispiel bringe ich die Mathematik. Einem Fünftklässler ist das Prinzip des Wurzelziehens in drei Minuten beizubringen. Man gibt an, die Wurzel aus 25 ist 5; die Wurzel aus 16 ist 4; die Wurzel aus 64 ist 8. Nun wird die Frage nach der Wurzel aus 36 gestellt. Der Schüler weiß es.

Doch wirklich Wurzelziehen kann er doch nicht. Dafür braucht er noch ein paar Jahre, in denen er Klammerrechnen, Brüche und Variablen kennenlernt. Denn all das benötigt er auch für das Wurzelziehen. Von der ersten Klasse an wird aufgebaut. Ohne die Grundschule mit seinen Grundrechenarten, wäre die weiterführende Schule kaum zu schaffen.

Im Deutschunterricht versäumt das Schulsystem diesen Aufbau vollständig. Gerade einmal zwei Jahre lernen wir das Lesen. Der Schüler bekommt zum einen die Buchstaben vorgestellt, die er aneinandersetzen kann und dann gibt es noch die Möglichkeit der Bilder. Der Erstklässler bekommt ein Bild mit einem Auto gezeigt, unter dem „A u t o" steht. Nach zwei Jahren soll ein Schüler alle Lesefähigkeiten besitzen. Anschließend wird nur noch mit

Texten gearbeitet. Erörterungen, Leseverständnis, Interpretationen, Rechtschreibung usw.

Immer wieder wird an Kleinigkeiten des Schulsystems herumgedoktert. Die wirklich wichtigen Dinge werden gar nicht angetastet und von außen werden auch keine Stimmen laut.

Es gibt noch so viel mehr, zum Lesen beizubringen. Dazu gleich mehr.

2. Falsche „Starthilfen" beim Lesen!

Oben ist es bereits angesprochen, ein Schüler wird angehalten, lieber langsamer zu lesen, um mehr aufzunehmen. Dabei ist es schlicht und ergreifend ein Fakt, dass ein langsameres Lesen weniger Wissen vermittelt und deutlich schlechter abgespeichert wird. Zudem werden konzentrative Hilfsmittel, um effektiver lesen zu können, z. B. mit dem Finger auf den Text zeigen, häufig als „Hilfsmittel für kleine Leser" abgetan.

Ein großer Irrglaube vieler: Viel Lesen verbessert das Lesen. Das hört sich für einen Laien vielleicht logisch und nachvollziehbar an. Dennoch ist es falsch. Wenn ein Fußballer immer wieder Fußball trainiert, wird er in einem Fußballspiel auf die Dauer nicht besser. Er muss noch ganz andere Fähigkeiten trainieren. Z. B. Technik, Koordination, Kraft, Schnelligkeit, usw.

Ähnlich verhält es sich beim Lesen. Ein Schüler, der die entsprechenden Techniken nicht kennenlernt, wird immer auf dem Niveau des Zweitklässlers weiterlesen. Er mag nach einigen Jahren zügiger lesen können; mehr aber auch nicht.

An dieser Stelle sollen nun nicht die Aufbaujahre nach der zweiten Klasse aufgearbeitet werden, aber anhand einiger Beispiele soll die Vorstellung für den Aufbau geschaffen werden.

Dafür ist es zunächst erforderlich, zu wissen, wie das Auge liest und somit, wie das Gehirn die Inhalte aufnimmt.

In der ersten Klasse lernen wir die einzelnen Buchstaben kennen; somit lesen wir zunächst auch Buchstabe für Buchstabe.

Beispiel: Auto: A-u-t-o, Garage: G-a-r-a-g-e

Diese Form des Lesens haben wir in späteren Jahren abgestreift, ohne es bewusst gelernt zu haben. Das Gehirn liest nun ganz anders. Die Informationen werden anders aufgenommen und verarbeitet.

Beispiel:

Das Auto steht in der Garage und muss mal wieder betankt werden.

Das Auge liest nicht Buchstabe für Buchstabe, sondern schaut auf die Mitte des Wortes. Bei der Geschwindigkeit sind nun die Pausen zwischen den Buchstaben und vor allem zwischen den Wörtern entscheidend. Unser Gehirn ist der schnellste Prozessor, den wir kennen. Die schnellsten Computer aneinandergehängt, werden nicht in der Lage sein, seine Geschwindigkeit auch nur annähernd zu erreichen. Eine 9-stellige Anzahl von Informationen kann das Gehirn pro Sekunde verarbeiten.

Erhält das Gehirn eine Pause, nutzt er diese und driftet im wahrsten Sinne des Wortes gedanklich ab. Wird ein Text langsam gelesen, entstehen zwischen den Worten kleine Pausen. Das Gehirn nutzt diese und beschäftigt sich mit anderen Themen. Am Ende des Satzes oder des Absatzes ist der Leser immer wieder mal gezwungen, den Satz oder Absatz erneut zu lesen, da zu viele Informationen nicht mehr abrufbar sind.

Das bedeutet, dass durch schnelleres Lesen der Leser nicht nur schneller fertig ist, er liest auch deutlich effektiver, da er konzentrierter war. Wird ein Text langsam gelesen, werden nach 24 Stunden bei einer Wissensabfrage nur noch ca. 20 Prozent abrufbar sein. Bei schnellem Lesen wiederum können das bis zu 80 Prozent sein.

Es muss eben gelernt werden.

Spätestens in der dritten Klasse sollten also die Lesetechniken erlernt und verfeinert werden. Die ersten Schritte sind sofort umsetzbar.

Unser Auge besitzt eine Netzhaut mit 130 Millionen Photorezeptoren. Das bedeutet, dass wir mit 260 Millionen Rezeptoren lesen . Allerdings nur in der Theorie. Tatsächlich lesen wir mit den zentralen Sehvermögen und nehmen damit ca. 20 Prozent auf. Mit dem peripheren Sehvermögen nehmen wir mehr als 80 Prozent auf. Erkennen Sie die Verschwendung? Von unseren 260

Millionen Rezeptoren dienen 208 Millionen nur der Randsehkraft. Wir vergeuden Energie, Zeit und Kapazitäten.
Ein bekannter einfacher Test ist leicht umsetzbar.

Praxis:
Halten Sie sich einen Zeigefinger vor die Augen. Ca. 15 bis 20cm vom Kopf entfernt. Gerade so weit, dass er scharf zu sehen ist.
Wenn Sie das haben, bleibt Ihr scharfer Blick auf den Zeigefinger gerichtet und sie öffnen Ihre Hand.
Sie sehen nun alle Finger, aber wie viele sehen Sie scharf? Nach wie vor nur den einen.
Nun schieben Sie Ihre geöffnete Hand 50 Zentimeter nach vorne und schauen Sie nach wie vor nur auf den Zeigefinger. Was passiert? Sie sehen alle Finger scharf.

Genauso ist das mit dem Lesen. Ein Schüler sollte mit einem Winkel von 90 Grad auf den Text schauen; die Augen haben einen Abstand von ca. 50 Zentimetern. Nach kurzer Zeit wird es möglich, fünf Wörter gleichzeitig zu erfassen. Das Gehirn ist gefordert und somit konzentriert bei der Sache.

Die nächste Unterstützung kommt von einem Stift. Nicht mit dem Finger, da die angrenzende Hand ablenken kann. Der Stift bewegt sich von Zeile zu Zeile und beginnt zwischen dem zweiten und dritten Wort und endet zwischen dem dritt- und vorletzten Wort, um in die nächste Zeile zu rutschen.
Die Augen folgen dabei der Stiftspitze. Wird diese etwas schneller bewegt, folgt das Auge automatisch und das Gehirn wird alles deutlich besser verarbeiten und abspeichern.

In Zeitalter der Computer und Handy hat sich das Leseverhalten noch einmal verschlechtert. Nicht nur bei Kindern.
Vor 15 Jahren las ein Viertklässler ca. 240 Wörter pro Minute. Ein Abiturient lag bei 400 Wörtern und ein Erwachsener, der seit zwanzig Jahren aus der Schule war, lag wieder bei 240 Worten. In den vergangenen Jahren habe ich keinen Schüler getestet, der auch nur annähernd an die 400 Wörter kam.
Dabei sollten mit dem richtigen Training 600 bis 800 Worte keine Schwierigkeit darstellen. Mit einem kleinen Aufwand von wenigen Minuten täglich

und dem Umsetzen bei den Schulaufgaben wird auf Sicht viel Zeit eingespart und durch effektiveres und konzentrierteres Lernen werden die Noten verbessert.

Außer den beiden oben genannten Ratschlägen hilft es auch, kleine Spielereien durchzuführen, um die Aufnahmefähigkeit zu verbessern und zu beschleunigen.
Hier einige Beispiele aus meiner Praxis:
Ein Text zum Lesen. Wichtig, den nötigen Abstand halten und den Winkel beachten. Bei einem so kurzen Text wäre ein Stift nicht unbedingt von Nöten.

In der Shucle lrenen Kdienr in den etsren bdieen Jhrean das Lseen. Lieedr lrnet man dncaah ncthis mher dzau. Es wrid etwarert, dsas dnan jrdeer das Lseen brehcshret. Dcoh dbeai gbit es so veil mher zu lrenen, um snhcleler und eefkfevitr Wsiesn afuznhumen.
Zum Bpieseil mit Lseelihefn, dem rhicgtein Asnbtad zum Txet und vleiem mhre.
Es mhact acuh Sapß, imemr bseesr zu wdreen. Aslo vruehcsen Sie es mal.

Für eine schnellere Aufnahmefähigkeit ist das blitzschnelle Auf- und Abdecken von Zahlen effektiv. Halten Sie die Zahlen zu, decken Sie sie für einen Bruchteil einer Sekunde auf und schreiben dann die Zahlen daneben auf.

365	_____	2431	_____
901	_____	7850	_____
308	_____	5798	_____

Diese Übung sollte mindestens zweimal die Woche für vier bis acht Minuten durchgeführt werden. Je nach Kindesalter startet man mit zwei- oder dreistelligen Zahlen. Es geht nicht darum, so schnell wie möglich bei fünf- oder sechsstelligen Zahlen anzukommen, sondern dass die bisherigen beinahe fehlerfrei erfasst und wiedergegeben wurden.
Diese Zahlenreihen sind schnell aufgeschrieben, aber es gibt sie auch in der Fachliteratur.

Bei Kindern gern gesehen sind Rätselaufgaben. Wichtig auch hierbei ist der Hintergrund für die Durchführung. Also das Training für die Lesegeschwindigkeit. Daher sollte das Kind stets auf den Winkel und den Abstand achten und gelegentlich einen Stift zur Hilfe nehmen.

Hier hat sich die Null fünfmal versteckt:

```
99999999999999999999999999999999999999999999999999
99999999999999999999999999999999999999999999999999
99999999999999999999999999999999999999999999999999
99999999999999999999999999999999999999999999999999
99999999999999999990999999999999999999999999999999
99999999999999999999999999999999999999999999999999
99999999999999999990999999999999999999999999999999
99999999999999999999999999999999999999999999999999
99999999999999999999999999999999999999999999999999
99999999999999999999999999999999999999999999999999
99999999999999999999999999999999999999999999999999
99999999999999999999999999999999999999999999999999
99999999999999999999999999999999999999999999999999
99999999990999999999999999999999999999999999999999
99999999999999999999999999999999999999999999999999
99999999999999999999999999999999999999999999999999
99999999999999999999999999999999999999999999999999
99999999999999999999999999999999999999999999999999
99999999999999999999999999999990999999999999999999
99999999999999999999999999999999999999999999999999
99999999999999999999999999999999999999999999999999
99999999999999999999999999999999999999999999999999
99999999999999999999999999999990999999999999999999
99999999999999999999999999999999999999999999999999
99999999999999999999999999999999999999999999999999
99999999999999999999999999999999999999999999999999
99999999999999999999999999999999999999999999999999
99999999999999999999999999999999999999999999999999
```

Jetzt geht es darum, so schnell wie möglich herauszufinden, was die Mutter noch einkaufen muss. Es sind zwei (korrekte) Artikel.

BroKuchePapiePfeffePizzMandarinSchnitzeWasseKaffePommeNudeStrümpfDünge TempotücheSchokoladButteSchuhcremZeitschrifBratensoßMarmeladWurstBrötche ZahnstocheSalBieGurkBananStrohalTomatQuarKäsPilHandschuhKamillenteHun TopfplanzZahnpastVentilatoPutzmitteÄpfelKaugummSpargeKugelschreibeKartoffe KnäckebroKatzenfutteMilcLederjackMülltütScherPfannkucheSuppAbendkleiSprude TopflappeSweatshirBasketbalWintermanteApfelmuZimGartenschlaucToilettenpapie

Im Folgenden werden waagrecht und senkrecht 10 Schulfächer gesucht.

```
D E F P O L N H A U D W V I R T B C H A D S T
D E U T S F H Y U R C H A L K P I C K I O L O
F U R S T I E N N O M A B I L G I E S P O T S
V A E S T R E O K J H M G F S C H U L F S E W
A U L I S T L F K T C S Y M B U E L C H E R T
R L I G E S P O R T T S A A U R E W P O F D A
E I G L I S C H E K U N D T A I B L I O F K E
G R I D S T Z I O L O F P H Z M V C H S A U L
T R O L A S T R G E O G L E E U T M I E S N O
V O N M E R L I K O G L I O F R E J X U R D Y
D E U T W C K B I A E M E C H T R A P Z E E W
K O R T E U S C H F R O R T L O G I E M I J E
G E S H I T E K U N S F E L L G V B A U L O G
F R A N T Z O E S I C H B A L O G I E C H E A
P R B I U Q U A S B G R E L I O M V C H A G I
M A T T E K U M S T V F G I E H N O F T A L M
F E R T S D E U T S C H E U G R I O L M A T H
D F E S E S A S W A M B V N A E N G L I S C H
F E S T I C H I M Z U S D U N E R I C H T E N
B O C K E R I K U N S T W O C H L U P Y Q U I
T A G U L G I E X V E U S H U I S M N E O G E
U S E B E C K E S Z T E W A U C H S A L J U M
X W S Y G U R E D S E V N U N T R X L I O U Z
L I C H N B V T R I C H T R E Y A F S A F E L
K I H L E R S C H R I R N K O P L D E R T A S
M I I L I K O P T H I M T A C H T O P H I E A
S H C H I N T R E D P L I U B A S E U L O H N
J A H N S T U N T E R M I G O D X Q U A L P I
E S T A C H L U N D E P I O L O G I M S R W V
T R E S K N C H U N D E S C H B I O L O G I E
```

Das Prinzip dürfte mit diesen Aufgaben vermittelt sein. Einiges davon ist zu Hause am Computer schnell für das eigene Kind erstellt. Es soll aber nur den kleinsten Teil des Lesetrainings ausmachen.
Das sollte nicht vergessen werden.

Lernen zu Hause

Das Verrichten der Hausaufgaben sowie das Lernen auf Arbeiten fällt häufig nicht sehr leicht. Selbst wenn Struktur, die Aufnahmefähigkeit und ein klares Ziel vorhanden sind, dauert es zu lange bis die Aufgaben erledigt sind.
Die erste Frage, die beim Lernen bzw. beim Verrichten der Hausaufgaben aufkommt, ist die nach dem „Wo".

Wo werden die schriftlichen Hausaufgaben gemacht?

Schon beginnt es mit einer festen Struktur. Denn sie ist ein unabdingbares Muss bei einem konsequenten Lernen.

Schriftliche Hausaufgaben werden stets allein und am gleichen Ort erledigt!

Dieser Ort, z. B. Schreibtisch im Kinderzimmer oder am Esszimmertisch, sollte reizarm sein.
Nicht mit Ausblick aus dem Fenster, der Tisch ist bestmöglich freigeräumt, TV, PC, Handy usw. sind „weit weg".

Das „allein" bezieht sich auf die Hausaufgaben. Die sollten weder von den Eltern noch von Nachhilfelehrern unterstützt werden.

Es gibt drei Bereiche beim Lernen.
1. Das Beibringen. Eltern, bitte die eigene Rolle nicht vergessen, oder Nachhilfelehrer erklären noch einmal einen Stoff.
2. Hausaufgaben. Sie werden allein verrichtet.
3. Lernen. Es wird allein durchgeführt; es kann aber später von jemandem abgefragt werden.

Je länger ein Kind am Lernen ist und „lernt" und dabei im Grunde nichts lernt (weil es sich ablenkt und unaufmerksam ist), desto höher steigen der Stresspegel und die innere Unzufriedenheit.

Kindern fehlt es häufig an festen Strukturen, im Sinne von zeitlichem Rahmen, Zeitgefühl, feste Aufgaben usw. Daher erkennen sie nicht die zeitliche Einteilung von Freizeit und Nicht-Freizeit. Die Freizeit erscheint ihnen zu kurz, aber gerade nach der Freizeit sehnen sie sich. Das tun sie vor allem beim Lernen zu Hause. In der Schule steht eine noch größere Verpflichtung dahinter. Da gibt es keine Alternativen. Der Schultag muss sein. Aber zu Hause könnte man theoretisch ganz viele andere Dinge tun. Da passiert es schon häufiger mal, dass ein Abdriften der Gedanken beim Lernen nicht verhindert werden kann. Dieses Abdriften wird durch zu viel Ablenkung begünstigt; vorwiegend durch o. g. Dinge wie beispielsweise durch einen Fensterplatz oder durchs Handy.

Im Rahmen der festen Struktur, die keiner Überwachung gleichkommen soll, sondern vielmehr einer Unterstützung, um allein zu Recht zu kommen, sollten die Hausaufgaben kontrolliert werden. Es geht hierbei nicht um die Richtigkeit, sondern vielmehr darum, ob sie gemacht sind und ob sie „sauber" erledigt wurden.

Viele Kinder erzählen gerne von sich aus, was sie alles erlebt haben. Kinder, die zu sehr kontrolliert werden, verlieren jedoch dieses Interesse und schweigen sich lieber aus.

Hier benötigt ein Kind ein „sanftes Anstupsen". Das Kind soll das Gefühl haben, es erzählt aus dem Unterricht etwas, was dem Zuhörer neu ist und

123

mit Interesse verfolgt wird. Taucht jedoch das Gefühl auf, der Zuhörer kennt das schon und fragt gezielt aus, sind wir bei der Kontrolle und das Erzählen verliert beim Kind an Wertigkeit.

Das Ziel ist es, dem Kind zu helfen und voranzubringen. Also geben wir ihm die Möglichkeit, durch einfaches Erzählen/Repetieren graue Substanz anzusammeln und den Inhalt in der Großhirnrinde abzuspeichern.

Anders als bei den schriftlichen Hausaufgaben sieht es bei ,dem' Lernen aus. Lernen im Sinne von Vokabeln lernen, Gedichte auswendig lernen, Inhalte von Erdkunde- oder Geschichtstexten lernen usw.

Für diese reine Aufnahme von Wissen gibt es kein Patentrezept. Also muss man sich die rechte Lerntechnik regelrecht erarbeiten. Viele Wege führen nach Rom und viele Möglichkeiten führen zum besseren Verständnis und besseren Abspeichern von Informationen.

Wir lernen mit unseren Sinnen. Herauszufinden gilt es nun, mit welchem Sinn wir am besten lernen können. Ist der beste Sinn gefunden, sollte dieser mit anderen kombiniert werden.

Wie und wo lerne ich?

Nehmen wir mal das Beispiel ,Vokabeln'.

Lernen wir sie brav am Tisch sitzend, alle Geräusche abgestellt, das Buch vor der Nase und eine Seite der Vokabeln sind zugedeckt? – Vielleicht. Für den ein oder anderen mag das tatsächlich die richtige Lernmethode sein. Aber es gibt auch andere Lerntypen.

Lernen können wir …

… sitzend … am Schreibtisch, auf dem Bett, im Garten auf einem Stuhl, im Wald usw.

… gehend … im Zimmer, in der Wohnung, im Garten, usw.

124

… liegend … auf dem Bett, im Liegestuhl auf der Terrasse usw.

Lernen können wir …

… ganz still … lesend, schreibend, usw.

… verbal … lesend, in Gespräche verpackt, in ‚gerappter‘ Form

Lernen können wir …

… mit monotoner Musik im Hintergrund. Diese sorgt dafür, dass das Gehirn „geöffnet" wird.
Musik ist vor allem bei denen hilfreich, die unter der Informationsflut zu leiden haben.

… mit der Kombination von Sinnen. Wir schreiben die Vokabeln ein paar Mal auf und lesen sie anschließend laut vor. Anschließend stellen wir uns eine fiktive Person vor, mit der wir ein Gespräch führen und die neuen Wörter zur Anwendung bringen. Das kann unter der Dusche oder beim Aufräumen für zwei bis fünf Minuten passieren.

… indem wir davor kurze Konzentrationsübungen machen. (Folgt später unter ‚Anwendungen‘)

… indem wir uns das Lernen, die Lernzeit, den Sinn und Zweck des Lernens bewusst machen.

Auf jeden Fall Mal ein Versuch wert, ich lege es wirklich jedem Lernenden und Arbeitenden nahe, ist einen einzigen Ton im Hintergrund laufen zu lassen. Einen Ton mit 10-11 Hertz. Es ist die ideale Lernfrequenz. Da ist das Gehirn „offen" und konzentriert. Zu Beginn mag der Ton unangenehm und störend wirken. Es liegt daran, dass das Gehirn von der idealen Frequenz ein Stück entfernt ist. Es gleicht sich nach und nach an und nach wenigen Minuten wird der Ton gar nicht mehr wahrgenommen, da die Hirnschwingungen auf der gleichen Frequenz angekommen sind.

Wie bekomme ich heraus, welches die beste Technik ist?

Eine Möglichkeit ist, dass verschiedene Techniken im Laufe des einen oder anderen Schuljahres ausprobiert werden.
Die bessere Alternative jedoch ist, dass man gezielt mit einigen „Spielereien" herausfindet, welche Technik es sein könnte und diese beim wahren Lernen anwendet und ausprobiert.

Beispiele aus der Praxis:

Es werden verschiedene Texte von einer Länge von ca. 120 Wörtern verfasst. In diesen sind verschiedene Fakten enthalten: Namen, Zahlen usw.

Der Schüler bekommt nun drei Minuten Zeit, den Text „einzustudieren". Nach diesen drei Minuten werden fünf bis acht Fakten abgefragt. Diese können direkte Daten sein oder es muss auch schon mal „ums Eck" gedacht werden. Beispielsweise steht im Text: „Als er fertig war, ging er im Jahre 1847 für 12 Jahre ins Ausland." Es könnte nun auch gefragt werden, in welchem Jahr kam er aus dem Ausland zurück. Somit wurden gleich zwei Daten (das Jahr 1847 und die 12 Jahre) abgefragt.

Variante 1:	Der Schüler sitzt an seinem Arbeitsplatz und liest den Text für sich im Stillen durch.
Variante 2:	Der Schüler sitzt an seinem Arbeitsplatz und liest den Text laut.
Variante 3:	Der Schüler liest im Sitzen den Text, während im Hintergrund monotone Musik läuft.
Variante 4:	Der Schüler liest den Text draußen an der frischen Luft.
Variante 5:	Der Schüler bekommt den Text vorgelesen.

usw.

Natürlich werden nicht alle Varianten direkt hintereinander durchgeführt. Durch die folgende Konzentrationsabnahme würde das Ergebnis verfälscht werden.

Das Abfragen findet direkt nach den drei Minuten statt. Nach 30 - 45 Minuten kann ein weiteres Abfragen stattfinden. Dabei ergeben sich häufig interessante Ergebnisse.
Einfach einmal ausprobieren!
Der Schwierigkeitsgrad des Textes sollte natürlich dem Alter angepasst sein.

Die Wilhelma

Die Parkanlage ‚Wilhelma' wurde bereits im Jahr 1853 eröffnet. Der zoologische Garten mit seinen Tieren genau 100 Jahre später. Heute leben ca. 9000 Tiere im Stuttgarter Zoo. Jedes Jahr kommen rund 2 Millionen Besucher, um die ca. 1100 verschiedenen Tierarten anzuschauen.
Bekannt ist die Wilhelma auch für ihre große Anzahl von Pflanzen. Über 6000 verschiedene Arten gibt es zu bestaunen. Darunter sehr viele Kakteen und Orchideen; aber auch viele andere Sorten.
Am 10. Dezember 2007 wurde der berühmteste Zoostar von Stuttgart geboren: der Eisbär Wilbär. Heute lebt er in einem Zoo in Schweden.
Seit 2009 gibt es sogar Briefmarken, auf der die Wilhelma abgebildet ist. Der Zoo hat 365 Tage im Jahr geöffnet, wobei die Öffnungszeiten je nach Jahreszeit unterschiedlich sind. Grundsätzlich wird der Zoo bei Einbruch der Dunkelheit geschlossen.

Passende Fragen könnten sein:

1. Wie viele Pflanzenarten gibt es u. a. in der Wilhelma?
2. In welchem Jahr wurde der zoologische Garten eröffnet?
3. An wie vielen Tagen im Jahr hat der Zoo geschlossen?
4. usw.

Das Beispiel mit den Texten eignet sich natürlich besonders gut für die sogenannten Lernfächer. Bei den Vokabeln geht es aber genauso. Hier kann man
Kindern, die schon verzweifeln, aufzeigen, dass sie gar nicht dumm sind,
sondern einfach nur noch nicht die richtige Lerntechnik gefunden haben.

Bei dem folgenden Beispiel wissen fast alle bei der zweiten Variante mehr als
bei der ersten.

Variante 1:   Schreiben Sie zehn x-beliebige Begriffe untereinander. Der
               Schüler bekommt ca. 90 Sekunden Zeit, um diese in der rich-
               tigen Reihenfolge auswendig zu lernen. Direkt im Anschluss
               wird überprüft, wie viele Wörter er in der richtigen Folge
               noch weiß.

Variante 2:   Spielen Sie das beliebte Spiel „Ich packe meinen
               Koffer …". Im Wechsel wird etwas Neues in den
               Koffer getan. Auf diese Weise werden die zehn Wörter nach-
               haltiger abgespeichert.

               → Einfach deswegen, weil die Motivation eine höhere war.

Das Spiel „Ich packe meinen Koffer …" hilft in der Praxis auch schon mal
dabei, Kindern zu zeigen, dass sie nicht „dumm" sind. Gerade beim Lernen
von Vokabeln kann es eine ganze Weile dauern, bis zehn Wörter sicher sitzen.
Beim Spiel sind zehn Wörter schneller im Kopf. Natürlich: es ist ein Spiel und
man ist motivierter. Aber es zeigt auch, dass das Kind in der Lage ist, Wörter
schnell aufzunehmen. Also geht es um die Art und Weise der Lernmethode.

Daran kann man wieder erkennen, dass wir mit positiven Emotionen viel
besser lernen können. Wunderbar nutzen kann ein Schüler das bei den Vokabeln. Neue Vokabeln werden im Gehirn um ein Vielfaches besser vernetzt,
wenn es zur Anwendung kommt. Die neuen Vokabeln sollten in eigene Sätze
verpackt werden. In den fiktiven Gesprächen, die oben erwähnt wurden, darf
es sich gerne um lustige Dialoge handeln. Die Gesprächspartner können je
nach Vokabelinhalten entsprechend wechseln. Mal ist es ein Freund, dann
ein Verkäufer, ein Taxifahrer usw.

Beispiel:
Die neuen Vokabeln lauten: prison (Gefängnis), thief (Dieb), flight (Flucht), uncomfortable (ungemütlich) usw.

Im Gespräch werden die eigenen Aussagen ausgesprochen und die des fiktiven Gesprächspartners bewusst gedacht.
Partner: „Are you the new prisoner?"
Selbst: „I'm not new. I'm some years old."
Partner: „Oh, you are a clever one, are you?"
Selbst: „No. I'm in a prison."
Partner: „Right. I have no time. I go now. Will be a uncomfortable flight."
Selbst: „You should take a taxi. That's comfortable."
Partner: „Hä? But I have no one."
Selbst: „Sorry, I have thought you're a thief."

Es geht also weniger um einen hochsinnigen Text, als dass ein Schüler selbst darüber schmunzeln kann. Die Wörter werden deutlich besser abgespeichert. Ähnlich verhält es sich in anderen „Lernfächern" wie Geschichte, Erdkunde oder Gemeinschaftskunde. Über die Informationen zu sprechen, führt zu einem besseren Abspeichern.

Grundlagentraining

Was ist das Grundlagentraining? Nun, im Sport ist es vielen bekannt und auch bewusst, aber im Bereich der Schule ist es nicht gleich auf Anhieb so deutlich.
Anhand eines 10.000m-Läufers möchte ich es erklären. Ein Läufer, der sich vornimmt, in vier Monaten einen 10.000m-Lauf zu absolvieren, sollte nun nicht ausschließlich bei gleichmäßigem Tempo joggen gehen. Das führt zu keiner sportlichen Verbesserung. Zunächst einmal benötigt er eine breite Basis. Ein Grundlagentraining, auf dem aufgebaut werden kann. Dazu gehören langsames Joggen, Intervalltraining, Krafttraining, Koordinationstraining, Gymnastik usw. Ein Gebäude wird ebenfalls auf einem festen Fundament aufgebaut. Das ist überall gleich. Auf der nächsten Seite wird es veranschaulicht.

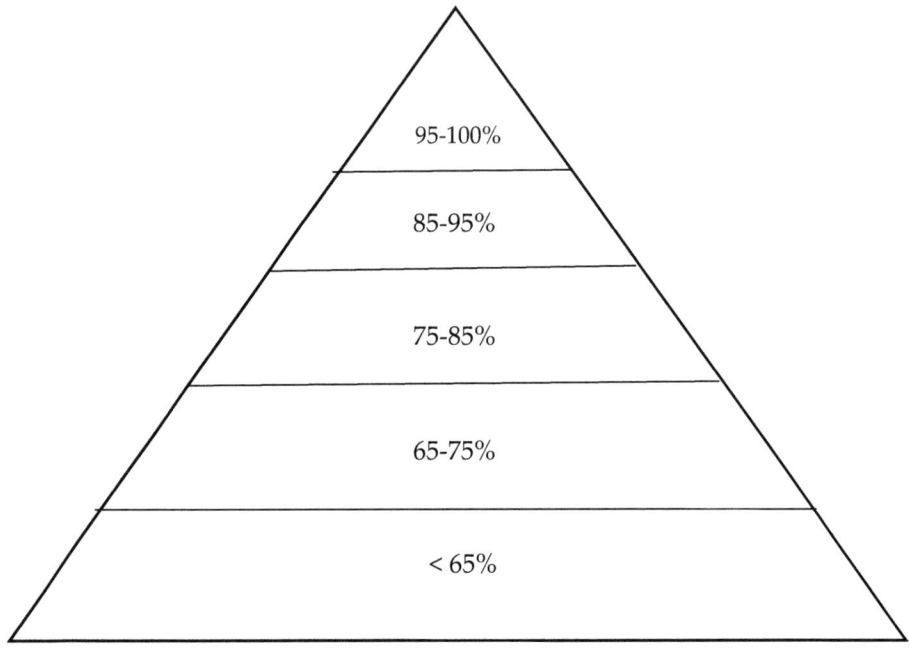

95-100%

85-95%

75-85%

65-75%

< 65%

Der Sportler fängt ganz zu Beginn mit der untersten Stufe an. Je breiter die Basis ist, umso höher kann er sein Dreieck, bzw. seine Leistungsfähigkeit, aufbauen.

Ist er bereits in der dritten Stufe, heißt das nicht, in dieser „gefangen" zu sein. Je nach Trainingshäufigkeit, trainiert er auch immer wieder in der unteren Stufe, um die Grundlagen nicht zu verlieren.

Wer meint, er könne immer am Limit trainieren und damit Erfolg haben, der irrt sich gewaltig. Das gleiche haben wir beispielsweise bei dem Mathematik-schüler.

Jedes Jahr wird auf dem bisherigen Wissen aufgebaut.

In der Grundschule die Grundrechenarten.

In der 5. und 6. Klasse Klammern, Brüche, Dezimalzahlen.

In der 7. und 8. Klasse Variablen, Gleichungen, binomische Formeln.

Usw.

Die Inhalte werden stetig aufgebaut; dabei werden stets die aktuellen Themen, also bei 95-100% „trainiert" respektive gelernt. Also immer am Limit.

Das Grundlagentraining fällt aus. Es wird vorausgesetzt; somit braucht man in diesem Bereich nicht mehr tätig werden.
Wieder einmal ein Irrglaube. Es geht hierbei nicht nur darum, das jeweilige Thema zu erlernen. Das Gehirn muss koordinativ verbessert werden, es muss schneller und effektiver werden.
Wird ein Achtklässler nach den Lösungen von 7 x 4 oder 3 x 8 gefragt, kommt sehr schnell die Antwort. Ein Rechnen findet bei vielen nicht statt. Warum ist das so? Ganz eindeutig die ständige Wiederholung dieser Aufgaben. Je komplizierter und auch länger Aufgaben werden, um so weniger werden sie wiederholt. Die davor zurückliegenden Aufgaben werden als zu leicht angesehen und somit wäre ein Lösen solcher Aufgaben Zeitverschwendung.

Das Grundlagentraining kann teilweise wie das Vokabeltraining unter der Dusche oder beim Aufräumen stattfinden.
Beispiele für einen Achtklässler:

Zwei Zahlen zwischen 10 und 20 einfallen lassen und diese miteinander multiplizieren.
14 x 18
Vor dem geistigen Auge werden die Zwischenergebnisse aufgeschrieben.
140 + 80 + 32 = 252

Nur drei bis vier Aufgaben und das zwei- bis dreimal die Woche. Es sollte zwar genau gerechnet werden, aber das Ergebnis braucht keine Bestätigung. Es geht um das Training. Die geistigen Fähigkeiten werden gesteigert und finden ihren Nutzen bei den schwierigeren aktuellen Aufgaben.

Eine weitere Übung kann sein, sich vier Ziffern einfallen zu lassen, diese zu Brüchen zu vereinen und eine Addition, Subtraktion usw. vorzunehmen.

4, 7, 5, 9 → 4/7 : 5/9 = 36/35

Oder: Was fällt uns alles zu einem Dreieck ein?
Hat drei Ecken.
Alle Winkel zusammen besitzen 180 Grad.
Es gibt gleichschenklige Dreiecke.

Es gibt spitzwinklige Dreiecke.

Ob das nun ein Dreieck ist oder beim nächsten Mal ein Rechteck oder ein Kreis spielt keine Rolle. Das ganze Wissen auspacken und bewusst machen. Das können auch Formeln zur Berechnung der Fläche sein.

Dieses Grundlagentraining funktioniert genauso in den Sprachen mit älteren Vokabeln und Grammatik. Allein durch das Sprechen werden entsprechende Hirnareale trainiert und aktiviert.

Auf den Seiten 76 ff haben wir erfahren , dass die Schule ein Trainingslager für das Gehirn ist und es weniger um die Inhalte, als um das Trainieren der einzelnen Areale geht. Je mehr und vielseitiger wir trainieren, um so erfolgreicher werden wir später in einem Bereich; also in einem Beruf.

Leider beenden die meisten Menschen ihr Training mit dem Einstieg in den Beruf. Sie trainieren also nur noch einen kleinen Bereich und verlieren dadurch an Fähigkeiten.

Daher empfehle ich Eltern, gemeinsam mit ihren Kindern, z. B. im Auto oder beim Gemüseschneiden Aufgaben zu lösen und kleine englische Dialoge zu führen. Es hat einen spielerischen Touch, fernab von der Schule und darf allen Spaß machen.

Hilfen für Konzentration und Entspannung

Zur geistigen Anstrengung gehört auch ein körperlicher Ausgleich. Dabei ist es aber wichtig, dass es kein Leistungssport ist. Ausdauersport in gesundem Maße wäre ideal. Der Sport sollte keinen Stress bedeuten, sondern tatsächlich einen Ausgleich schaffen.

Der Terminkalender eines jungen Menschen sollte nicht überfüllt sein. Im Kapitel über ‚Struktur' habe ich aber auch geschrieben, dass Verpflichtungen wichtig sind: feste Zeiten und feste Aufgaben. Diese können beispielsweise sportliche Aktivitäten sein.
Wie gesagt, wäre ein Ausdauersport sehr gut; auch eine Mannschaftssportart hat seine Vorteile.
Als Aufgabe, als Ausgleich und gleichzeitig als koordinatives Training ist ein Tanzkurs sehr gut geeignet.

Viele Aktivitäten haben ihre Vorteile. Wichtig ist aber vor allem eines: es soll Ihrem Kind Spaß machen. Die Freude an der Bewegung sollte durch Zwang nicht verloren gehen.

Ein eigenes Buch könnten die Übungen und Aktivitäten füllen, die zur Konzentrationssteigerung, zur Stressminderung usw. helfen.
Einige Möglichkeiten möchte ich Ihnen hier vorstellen.

Was häufig von Erwachsenen belächelt wird, kann bei Kindern – aber auch bei Erwachsenen eine große Wirkung erzielen:

Der Stressball!
Der Stressball hilft in akuten Fällen beim Stress- und Aggressionsabbau. Gerade als kurzer Pausenfüller eine tolle Übung mit großem Effekt.

Die Hände werden wie zum Gebet gefaltet; der Ball kommt zwischen die Hände.
Mit einem starken Einatmen werden die Hände zusammengepresst und mit dem Ausatmen wieder entspannt.
Beim Ausatmen außerdem die Schultern noch etwas mehr entspannen und einfach fallen lassen. Dadurch entspannt sich der entsprechende Muskel, der mit dem Nervensystem verbunden ist und dieses wiederum mit dem Gehirn.

Wie oben bereits erwähnt, gibt es im Gehirn die übererregten sowie die inaktiven Phasen. Dafür kann man **Farbbrillen** einsetzen.
Die verschiedenen Farben haben einen großen Einfluss auf das Gehirn. In einer inaktiven Phase hilft die rote Brille. Die blaue Brille beruhigt und „fährt" die Überaktivität herab.
Die Brillen sollten nicht zu lange getragen werden. Zu Beginn nur 3-10 Minuten, damit sich das Gehirn daran gewöhnen kann.

Selbstverständlich gibt es auch Übungen, die ohne Hilfsmittel durchzuführen sind.
Eine vielseitige Übung ist die sogenannte **Reset-Übung**. Die dient sowohl bei der Konzentrationssteigerung als auch bei der Stressreduzierung und dem Lösen von Blockaden – gerade in Klausuren und Prüfungen.
Eine 3-teilige Übung, die in 45 Sekunden zu absolvieren ist und mit täglicher Übung über einen Zeitraum von etwa zwei Wochen große Wirkung erzielen kann. Anschließend wird sie nur noch nach Bedarf angewandt. Sie ist für den Zweitklässler genauso geeignet wie für den 60-jährigen Manager.

Die drei Schwerpunkte sind:

1. Koordinierung der Gehirnhälften
2. Abschalten von unnötigen Gedanken und Minimierung der unbewussten Informationsaufnahme
3. Entspannung des Gehirns inkl. Blockadenlösung

Teil 1

Die Hände liegen auf den Knien. Die rechte Hand führt drei kleine Kreise nach außen und anschließend nach innen durch. Gleichzeitig klopft die linke Hand sanft auf das Knie. Nach diesen sechs Kreisen folgt ein fliegender Wechsel: die linke Hand kreist, während die rechte klopft.
Die klopfende Hand hebt sich komplett vom Bein ab.
Die Geschwindigkeit ist ruhig und gleichmäßig und bei beiden Händen identisch. Der Radius der kreisenden Hand ist identisch mit der Höhe der klopfenden Hand.

Die Gehirnhälften werden zentriert.

Teil 2

Ein x-beliebiger Gegenstand ruht vor den Augen auf dem Tisch. Der Körper wird nicht mehr bewegt; für ca. 15 Sekunden wird dieser Gegenstand auf das Genaueste betrachtet (Form, Farbe, Material, Schriftzüge usw.). Wichtig, dass alle Informationen über den Gegenstand von diesem selbst beantwortet werden kann, damit kein Abschweifen möglich ist. (Z. B. nicht über die Person nachdenken, von der man es erhalten hat.

Der Informationsfluss wird durch diese Fokussierung unterbrochen und Gedanken werden verhindert. Das Gehirn kann „runterfahren".

Teil 3

Die Augen ruhen nach wie vor auf dem Gegenstand; der Körper bewegt sich nicht. Es folgen 3-4 bewusste Atemzüge in den Bauch. Die Luft beim Ein- und Ausatmen wahrnehmen. Das Heben und Senken der Bauchdecke spüren. Bei jedem Ausatmen die Schultern ganz bewusst noch mehr hängen lassen und entspannen.

Über die Atmung fahren wir den Kreislauf runter und können entspannen. Der Schultermuskel ist über das Rückenmark und Nervensystem mit dem Gehirn verbunden, so dass dieses ebenfalls entspannen kann.

Diese Übung zentriert das Gehirn, ‚weckt' notwendige Gehirnareale und schaltet unnötige Gedanken und unnötigen Informationsfluss ab.

Durch häufiges Üben wird es mit der Zeit immer schneller möglich sein, die Konzentration auf einen Arbeitsschritt zu fokussieren.

Teil 1

Bequeme Sitzhaltung einnehmen. Wenn möglich, sollte diese Übung laut ausgesprochen werden. Nur in Ausnahmen, wenn andere Personen anwesend sind, findet sie in Gedanken statt.

So weit wie möglich sollten von der Zahl 73 jeweils 4 abgezogen werden. Das Tempo sollte nicht übereilt sein; stattdessen ruhig und gleichmäßig. Bei mehrfacher Wiederholung sollte eine andere Zahl gewählt werden. Aber nicht nur die 73 kann ausgetauscht werden. Statt der 4 gehen auch die Zahlen 3, 6, 7, 8, und 9. Alle anderen wären zu leicht.

Teil 2

Unverändert nach dem ersten Teil sitzen bleiben.

Die Gehirnhälfte wird gewechselt indem es nun um das Bilden eines Satzes geht.

Mit den ersten fünf Buchstaben des Alphabetes wird ein Satz gebildet. Mit dem jeweiligen Buchstaben beginnt das Wort.

Der Satz sollte einen Sinn ergeben.

Damit beim zukünftigen Üben die Sätze nicht identisch sind und auch die einzelnen Begriffe neu überlegt werden müssen, wird beim vierten oder fünften Üben nicht mit dem A, sondern mit dem B begonnen und das letzte Wort beginnt mit einem F.

Teil 3

Weiterhin unverändert sitzen bleiben.

Die Augen bleiben geöffnet. Vor dem geistigen Auge sollte nun ein bekanntes Bild visualisiert werden. Das kann ein berühmtes Bild eines Malers sein; ebenso möglich ist eine Fotografie.

Wichtig ist, es handelt sich um ein bekanntes Bild.

Alle Details sollten so gut wie möglich ‚betrachtet' werden.

Erst wenn nichts mehr gesehen wird, werden die Augen geschlossen, um weitere Details wahrnehmen zu können.

Die folgende **Entspannungssübung** ist eine Kombination aus den anerkannten Techniken des Autogenen Trainings und der Progressiven Muskelentspannung.

Diese Übung senkt bei regelmäßiger Durchführung den Stresspegel. Daher zu Beginn die ersten zwei Wochen täglich einmal üben; die Abstände können dann etwas größer werden.

Während der Übung sollte sichergestellt sein, dass es zu keiner Störung (z. B. Telefon) kommt und kein Zeitdruck besteht.

Teil 1

Bequeme Sitzhaltung einnehmen. Die Füße ruhen parallel und mit ganzer Sohle auf dem Boden. Die Hände liegen auf den Schenkeln.

Mit ca. 30% die Hände zu Fäusten ballen, Ellenbogen gegen den Körper drücken und die Schulter hochziehen. Zusätzlich mit ca. 20% die Zähne aufeinanderpressen.

2-3 Sekunden die Anspannung halten und ganz abrupt mit dem Ausatmen loslassen. Die Hände fallen in den Schoß.

Ca. 10 Sekunden entspannen.

Die angesprochenen Körperteile nicht bewegen und in die Muskeln „rein spüren".

Diese Anspannung-Entspannung dreimal wiederholen.

Teil 2

Unverändert nach dem ersten Teil sitzen bleiben.

Die Augen schließen und die Konzentration auf die rechte Hand richten.

Gedanklich eine Schwere in die Hand projizieren. Unterstützend hilft die 6-fache gedankliche Wiederholung „meine rechte Hand ist schwer".

Die Schwere ausbreiten lassen auf beide Hände, Arme, Beine, Füße und schließlich auf den ganzen Körper.

Ein bis zwei Minuten die Schwere spüren und unterstützen mit „mein ganzer Körper ist schwer". Bei jedem Ausatmen wird der Körper noch schwerer.

Mit der Ausbreitung der Schwere erst beginnen, wenn die Schwere in den vorhergegangen Körperteilen zu spüren ist.

Teil 3

Weiterhin unverändert sitzen bleiben.

Gedanklich wird nun Wärme in die rechte Hand projiziert. Der unterstützende Satz lautet nun „meine rechte Hand ist warm". Diese Wärme nach und nach - wie die Schwere - ausbreiten lassen.

Die Ausbreitung beginnt mit der Wärme in den vorhergegangenen Körperteilen. Mit jedem Ausatmen wird die Wärme noch ein wenig mehr intensiviert.

Das Wahrnehmen der Wärme sollte etwa zwei Minuten durchgeführt werden.

Weitere Kurzübungen

<u>Als zweite Resetübung:</u>

„Brain-Jump"
Die Aufmerksamkeit auf die Schädeldecke richten. Wechsel auf die linke Hand, rechte Hand, linker Fuß und rechter Fuß. 3-4 Mal wiederholen.

<u>Entspannungsübungen:</u>

„Magic"
Hände übereinander auf den Nabel legen. In die Hand „reinatmen". Mundwinkel leicht nach oben ziehen. Augenlider leicht fallen lassen. Vorstellen: im Sonnenschein barfuß über eine saftige Wiese gehen.

„Marionette"
1. Schulter hochziehen – fallen lassen
2. Arme anheben – fallen lassen
3. Schulter und Arme nach oben – fallen lassen
4. Kopf in die Länge ziehen, Zähne leicht aufeinanderpressen – loslassen (2x)
5. 3x ganz tief einatmen; Luft halten; ausatmen

<u>Energieübungen:</u>

„Energiegähnen"
Mund öffnen wie beim Gähnen. Finger auf die angespannten Muskeln auf dem Kieferknochen, einen Gähnton hervorbringen und die Anspannung leicht ausstreichen.
„Hook-ups"

Linken Fußknöchel über den rechten legen. Arme ausstrecken – Hände inei-
nanderlegen – und Arme nach oben umklappen bis an die Brust. Augen
schließen und beim Einatmen die Zunge an den Gaumen drücken. Beim Ausatmen Zunge lösen.
Füße wieder nebeneinanderstellen, Fingerspitzen zusammenführen und ca.
eine Minute lang tief atmen.

Bei Überladung:

„Gehirnknöpfe"
Eine Hand liegt auf dem Nabel, die andere Hand aktiviert mit Daumen sowie
Mittel- und Zeigefinger die folgenden Punkte:
1. beide Akupunkturpunkte Ni27 (Kuhle zwischen Schlüsselbein
   und Brustbein)
2. oberhalb der Oberlippe sowie unterhalb der Unterlippe
3. Steißbein
Jeweils die Hände wechseln und wiederholen.

„Meridian-Streichen"
Einen Arm schräg nach vorn unten ausstrecken, mit der anderen Hand den
Arm innen von oben nach unten streichen und außen von unten nach oben.

Es gibt eine große Anzahl von Übungen.
Eines ist hier ganz wichtig: die Übungen können nicht erzwungen werden.
Während der Lehrer immer Recht hat bzw. die Inhalte im Unterricht immer
von Bedeutung sind, vor allem für die Klassenarbeiten, haben wir einen
„Werkzeugkoffer" mit unterschiedlichen Tools. Dabei ist nicht jedes Tool für
jeden gleich gut anwendbar. Es muss passen. Von daher sollte man die Übungen zwei bis drei Wochen ausprobieren und dann entscheiden, ob man sie
weitermacht oder eine andere ausprobiert.

Praxisfälle

Einige Zeit lang war ich am Überlegen, ob ich tatsächlich die folgenden Praxisfälle mit in das Buch aufnehmen soll. Ich halte es aber für wichtig, da sie zeigen, was alles, teilweise durch Kleinigkeiten, schieflaufen kann.

Viele werden es lesen und denken oder gar sagen, ,das kann uns nicht passieren' oder ,das würde unser Sohn oder Tochter nicht machen'.
In den meisten folgenden Fällen war das die gleiche Aussage der Eltern. Es geht nicht um Schuldzuweisung oder darf noch weniger um Verdrängung gehen. Manchmal hat man es nicht in der Hand. Daher sollte man offen hinschauen und versuchen, das Beste daraus zu machen.
Es folgt eine sehr geringe Auswahl typischer Geschichten der vergangenen Jahre. Es sind keine Ausnahmen.

Thema: ,Minderjährigen freie Hand am Bildschirm lassen' und ,Mit gutem Beispiel voran gehen'.

An einer Grundschule gab ich jede Woche mehrere Kurse. Zur Begrüßung saß ich mit acht Kindern der zweiten bis vierten Klasse im Stuhlkreis. Anschließend stand ich auf, um den Rollladen für eine Entspannungsübung herunter zu lassen. Ich begann gerade mit dem Herunterlassen, als ein Drittklässler meinte: „Au ja, mach's dunkel. Und dann schick die Weiber rein." Darauf reagierte ein Viertklässler: „Ja, ich brauch auch mal wieder was zum Ficken."

Wieder ein Stuhlkreis in einer Grundschule. Nach einer Begrüßungsrunde erzähle ich der Gruppe etwas. Plötzlich steht rechts von mir ein Drittklässler auf. Er ging diagonal durch den Kreis und blieb vor einer Zweitklässlerin stehen. Dann ging es sehr schnell. Der Junge öffnete seine Hose, zog sie samt Unterhose runter und meinte entblößt zu dem Mädchen: „Lutsch mal."

Im folgenden Fall saß ich in meiner Praxis gemeinsam mit einem 14-Jährigen. Er machte einen niedergeschlagenen und traurigen Eindruck. So fragte ich selbstverständlich nach. Er druckste gar nicht lange rum und erzählte mir von seinem Leid. Seine Enttäuschung kam daher, dass seine Freundin nicht mit ihm schlafen wolle. Ich war überrascht; schließlich war er selbst erst 14 Jahre alt. So fragte ich nach, wie alt seine Freundin sei. Die Antwort überraschte mich ebenfalls. Sie war erst 13 Jahre. In meiner nächsten Frage wollte ich wissen, wie lange die beiden bereits zusammen wären. Er antwortete, sie seien schon drei Wochen ein Paar. Durch weitere Fragen erfuhr ich, dass die beiden bislang nicht einmal Händchen gehalten, geschweige denn, sich ein Küsschen gegeben hatten. Meine finale Frage war, warum er denn dann schon mit ihr schlafen wolle. Seine Antwort: „Das macht man doch, wenn man sich liebt."

Einen vierten Fall möchte ich zu diesem Thema noch folgen lassen. Ein 12-Jähriger saß mir in meiner Praxis gegenüber. Ohne Nachfrage zückte er plötzlich sein Handy und tippte drauf rum. Natürlich sagte ich ihm, dass ein Handy in diesem Moment völlig fehl am Platz war. Da hatte er schon gefunden, was er suchte. Er hielt mir das Video hin und lachte. Er fand es ganz toll. Also nahm ich das Handy und schaute auf das Display. Zu sehen war ein extrem schmutziger und harter Porno.

Diese Geschichten zeigen, wie durch die hohe Nutzung von Handy und Computer sowie durch die altersungemäßen Inhalte Kinder abstumpfen. Die tägliche mehrstündige Nutzung des Handys führt zu jenen Veränderungen im Gehirn, die zu Empathieverlust und zur sozialen Inkompetenz führen. Liebe verliert die Bedeutung vergangener Generationen.

Thema: ‚Struktur und Zielsetzung'

Ein 16-jähriger Schüler kam mit Motivationsproblemen zu mir. Seine schulischen Leistungen ließen zu wünschen übrig und sein Zeitaufwand zu Hause für die Schule lag bei Null Minuten pro Woche. Es stellte sich heraus, dass er täglich sechs bis acht Stunden vor dem Computer saß. Er spielte vorwiegend online Games. Eine andere Freizeitbeschäftigung hatte er nicht. Vormittags zwang er sich in die Schule und den Rest des Tages verbrachte er vor dem Bildschirm. Ich fragte ihn, ob er denn Freunde hätte. „Sehr viele", kam die Antwort. Über 40 Freunde hatte er, wie er mir mitteilte. Bei der vielen Zeit vor dem Computer wollte ich natürlich wissen, wann er diese treffen würde. Er grinste mich an und antwortete, er würde sie jeden Tag treffen – online. Er kannte weder ihre echten Namen noch sonst etwas. Diese Treffen fanden in einer imaginären Welt statt. Echte soziale Kontakte pflegte er nicht. Ich wollte von ihm wissen, ob es nicht reizvoller wäre, reale Menschen zu treffen. Seine Antwort war erschütternd. Ein 16-jähriger Junge, der noch nichts vom Leben kennengelernt hat, dem jegliche Erfahrungen fehlten, erwiderte mir: „Echte Freunde können einen enttäuschen."

In einem anderen Beispiel saßen mir Eltern gegenüber. Sie waren schon sehr verzweifelt. Ihr Sohn würde nur vor dem Computer sitzen. Alles was mit Lernen zu tun hätte, interessiere ihn gar nicht. Ich fragte nach weiteren Verpflichtungen wie Haustier, Freundschaften pflegen, im Haushalt helfen usw. Seine Mutter erzählte mir, er würde noch nicht einmal zum Essen aus dem ersten Stock in die Küche kommen. Ich hörte eine ganze Weile zu. Irgendwann stellte ich weitere Fragen: Wie kommt er an das Essen, wenn er es nicht holt? Warum kommt er noch ins Internet und an Spiele? Warum wird ihm nicht die Waffe auf die Brust gesetzt, damit er aufsteht und eine Ausbildung macht? Die Antwort war eine Form von Mitleid. Man könne dem Jungen nicht alles verbieten und Streit wolle man auch nicht.
Dieser „Junge" hatte weder einen Schulabschluss noch eine Ausbildung und war immerhin schon 32 Jahre alt.

In einem anderen Fall wollte ich die Behandlung eigentlich schon ablehnen, da der 15-jährige Sohn es ablehnte, zu mir zu kommen. Es handelte sich um eine gut betuchte Familie, die gerne mehr dafür bezahlte, wenn ich ihnen Hausbesuche abstatten würde. Ich hatte einiges erfahren; meine Neugierde ließ mich hinfahren. Die Schwierigkeiten des Jungen lagen bei der fehlenden Motivation und der mangelnden Konzentration. Vorweg kann ich schon mal erwähnen, dass ich lediglich zwei Sitzungen durchführte.
Zu Hause hatte er keine Verpflichtungen, seine Ausgehzeiten bis in die Morgenstunden wurde nur mäßig kontrolliert, aber Konsequenzen gab es für gar nichts. Als sein Taschengeld gestrichen wurde, stahl er Geld und kaufte davon Joints.

Eine Schülerin stand ein halbes Jahr vor dem Abitur. Sie fand aber den Dreh nicht, um zu lernen. Sie war sozial engagiert, hatte ihre Verpflichtungen und spielesüchtig war sie auch nicht. Sie war aber viele Stunden am Tag an ihrem

Handy aktiv. Das allein war es aber nicht, um die fehlende Motivation zu begründen. Sie wusste, es würden ihre letzten Monate in der Schule sein. Das allein hätte doch Antrieb genug sein müssen.

Ich fragte sie, was nach der Schule kommen sollte. Wollte sie zunächst ins Ausland, ein Praktikum machen oder jobben oder gleich mit einer Ausbildung oder einem Studium beginnen? Sie hatte keinerlei Vorstellungen. Sie wusste nicht einmal, in welche Richtung sie ihre berufliche Karriere einschlagen wollte. Mit anderen Worten: Wofür lohnt es sich wirklich, sich hinzusetzen und zu lernen?

Ohne eine Struktur mit klaren Aufgaben und zeitlichem Rahmen und ohne Ziele fehlt es schlichtweg an der Motivation.

Thema: ‚Negatives Mindset‘

Eine angehende Abiturienten benötigte allgemein mentale Unterstützung. Vor allem wollte sie noch Lerntipps haben. Ihr Ziel war es, in allen Prüfungsfächern mindestens 13 Punkte zu holen. Außer in Mathe. Da war es ihr Ziel gewesen, nicht zu unterpunkten. In der Prüfung hätte sie gerne zwei Punkte erreicht. Sie hatte stets Mathe gelernt und die Prinzipien der Mathematik verstanden. Gemeinsam mit einem Nachhilfelehrer, so war sie sich beinahe sicher, würde sie es schon irgendwie hinbekommen.
Ihre ersten negativen Matheerlebnisse hatte sie bereits in der vierten Klasse. Seitdem hat sich ein negatives Mindset aufgebaut. Häufig bekam ich von ihr die Aussage zu hören: „Mathe kann ich sowieso nicht." Es war längst ihre unbewusste Überzeugung. In jedem zweiten Satz, der mit Mathe zu tun hatte, kam ein ‚vielleicht‘, ein ‚aber‘ oder ein ‚kann ich nicht‘.
In nur drei Monaten haben wir das Mindset architektonisch verändert und sie erreichte in der Prüfung neun Punkte.

Ein Mädchen aus der siebten Klasse sammelte geradezu schlechten Noten. Trotz Nachhilfe und viel Unterstützung durch die Eltern lagen ihre Noten in den meisten Fächern zwischen vier und sechs. Ihrer Meinung nach brachte das ganze Lernen nichts, da am Ende so oder so eine schlechte Note bei rauskommen würde. Sie hatte in der fünften Klasse eine längere Krankheitsphase. Als sie nach sechs Wochen wieder in die Schule ging, fand sie nicht gleich

144

den Anschluss und die ersten Noten nach der Auszeit entsprachen nicht den bislang bekannten aus der Grundschule und vom Anfang des Schuljahres. Stück für Stück rutschte sie weiter ab. Selbstständiges Lernen sowie die Nachhilfe brachten keine Veränderung. Meine Aufgabe war es, ihr andere Lerntechniken und -methoden beizubringen. Das machte ich natürlich nicht. Ich änderte ihr Mindset ab.

Die Gedanken lenken und führen uns. Negative Einstellungen können uns nicht zum Erfolg bringen. Unsere unbewusste Überzeugung muss von starkem positivem Denken geprägt sein.

Thema: ‚Angst‘

Wir lernen stets besser mit Emotionen. Diese sollten jedoch positiv sein, da negative Gefühle wie Angst oder Trauer ebenfalls mit abgespeichert werden und beim Abrufen des Erlernten mit zu Tage gefördert werden.
Angst habe ich häufig bei Schülern durch Druck erfahren. Druck gibt es von verschiedenen Seiten, aber Angst stellt sich vor allem beim Druck zu Hause ein. Das erlebe ich jedes Jahr sehr häufig.
Manchmal muss ein Auslöser gar nicht über einen längeren Zeitraum passieren. Wenn er heftig genug ist, reicht auch schon mal ein einzelnes Ereignis. Dazu ein Beispiel.
Ich saß mit einem Zehnjährigen am Tisch. Wir unterhielten uns. Nachdem ich ihn gefragt hatte, bekam ich keine Antwort mehr. Ich fragte erneut. Keine Reaktion. Der Junge starrte an mir vorbei und zum Fenster raus. Ich fragte ihn, was los sei, aber er antwortete nicht. Stattdessen stand er auf und ging zum Fenster. Ich folgte ihm. Er stand still und starr da und sah hinaus. Ich folgte seinem Blick. Hoch oben war ein Flugzeug zu sehen. Sonst nichts. Er gab keinen einzigen Ton von sich. Als das Flugzeug inklusive Kondensstreifen weg war, entspannte er sich wieder und ging zum Stuhl zurück.
Mit neun Jahren sah er im Fernsehen, wie Flugzeuge in das World Trade Center flogen. Bei jedem Flugzeug verfiel er in eine Starre und musste warten bis es nicht mehr zu sehen war.

Angst ist ein starkes und prägendes Gefühl. Darüber muss gesprochen und sie muss in gesunde Bahnen geführt werden.

Ein letztes Thema möchte noch mit einem letzten Beispiel bringen.

Thema: ‚Gefahren im Netz‘

Es gäbe aus meiner Praxis einige Fälle, die ich als Beispiele heranführen könnte, aber ich bringe nur ein Beispiel; dieses ist nicht aus meiner Praxis, sondern aus meinem Privatleben.

Vor einigen Jahren, ICQ war als Chat noch sehr beliebt, wurde ich mit einem ‚Hallo‘ angeschrieben. Ich saß gerade über einer Arbeit an meinem PC, als das ICQ-Fenster sich öffnete. Ich antworte ebenfalls mit ‚Hallo‘. Wir kamen oberflächlich ins Gespräch. Ich war sehr zurückhaltend, da ich es nicht kannte, einfach so angesprochen zu werden. Fremde Personen anzuschreiben, nur um Menschen kennenzulernen, war mir neu. Nach kurzer Zeit schon, kam mir die Schreibweise und die Art der Fragen so komisch vor, dass ich das Alter meiner Gesprächspartnerin erfragte. Sie war 14 Jahre alt. Ich machte ihr klar, dass ich ein erwachsener Mann sei und wollte ihr die Gefahren bewusst machen. Sie machte sich dennoch keine Gedanken, da sie schließlich keine wichtigen Informationen von sich wiedergeben würde. Das war zum Teil auch richtig. Sie teilte mir neben ihrem Alter nur drei Dinge mit. Der Ort in dem sie wohnte, ihr Hobby (Fußball) und ihren Vornamen. Ihre Eltern wussten nichts davon, dass sie fremde Leute anschrieb und sie wollte auch in jenem Moment auf mein Anraten hin ihre Eltern nicht informieren.

Ich bat sie für fünf Minuten zu warten; ich wäre gleich wieder da.

Ich brauchte tatsächlich nicht lange. Nach höchstens fünf Minuten fragte ich sie, ob ich ihren Eltern es mitteilen sollte, wie sie im Internet fremde Männer ansprach. Sie schrieb wörtlich: „Hahaha … das kannst du nicht". – „Warum nicht? Ich kann sie doch anrufen. Ihr habt doch die Nummer 0…!" Sie schwieg. „Oder ist dein Vater noch in der Schule?" Funkstille. Es dauerte etwas bis sie wieder schrieb und fragte, woher ich das wüsste. Ich wusste sogar noch mehr und schrieb ihr den Namen der Schule, in der ihr Vater als Lehrer tätig war, beschrieb ihr Auto, nannte ihre komplette Anschrift und anderes mehr. Sie bekam es mit der Angst zu tun und das teilte sie mir auch mit.

Ich hatte sie wachgerüttelt. Mit nur wenigen Daten konnte ich so vieles binnen kurzer Zeit über das Internet herausfinden.

146

Diese Geschichte endete glücklicher Weise nicht nur harmlos, sondern sehr positiv. Sie schrieb mich weitere Male an. Allerdings musste sie zuvor ihre Eltern um Erlaubnis fragen. Es kam dann zum Kontakt mit den Eltern und wenige Monate später besuchte ich die ganze Familie, die rund 300km von mir entfernt wohnte.

Das Internet muss kontrolliert werden. Es geht nicht darum, die eigenen Kinder auszuspionieren oder darum, ihnen nicht zu vertrauen. Es geht einzig und allein um ihren Schutz.

Deine Wahrheit – meine Wahrheit

Unser Planet darf sich allmählich auf den acht milliardsten menschlichen Erdbewohner freuen. Stellen Sie sich diese Zahl mal ganz bewusst vor: 8.000.000.000 Menschen. Wie viele Wahrheiten verstecken sich hinter dieser Zahl?

Was ist überhaupt Wahrheit?
Stellen Sie sich vor, Sie sitzen jemandem gegenüber. Wenn Sie an ihm vorbeischauen, sehen Sie ein Fenster. Das ist Ihr Blickwinkel – also Ihre Wahrheit. Ihr Gegenüber schaut an Ihnen vorbei und blickt auf ein Gemälde. Er hat eine andere Perspektive – also eine andere Wahrheit. Für jeden, scheint die eigene Wahrheit die richtige zu sein.
Nun stellen Sie sich eine Gesprächsrunde vor, die über Musik diskutiert. Der erste liebt Jazz über alles und weiß, dass das noch richtige Musik ist. Der zweite weiß, dass 70iger Jahre beschwingt, die Stimmung hebt und somit nicht zu überbieten ist. Der dritte ist sich sicher, dass klassische Musik intellektuell ist und somit ganz oben in der Musik anzusiedeln ist. Der vierte lebt in der Gegenwart und hört aktuelle Rock- und Popmusik.
Wer hat nun Recht in seinem Glauben, die beste Musik zu hören? Vier Meinungen, vier Blickwinkel, vier Wahrheiten.

Also: 8.000.000.000. Menschen = 8.000.000.000 Wahrheiten

Wir sind so wunderbar verschieden, die Entwicklung der Wahrheit so individuell – da ist es nur allzu selbstverständlich 7.999.999.999 anderer Wahrheiten neben uns akzeptieren zu müssen.

Verständlicher wird die Vorstellung der unterschiedlichen Wahrheiten, wenn wir uns an die Pfade im Gehirn erinnern. 65 Billionen Synapsen sind im Erwachsenenalter übergeblieben; sie lenken und führen uns in unserem Denken und unserem Tun. Sie machen uns zudem, was wir heute sind. Sie sind das Resultat von Erfahrungen und Erziehungen. Diese Pfade sind unterschiedlich stark betreten. Das bedeutet, wir haben Synapsen, die stärker frequentiert werden als andere. Dadurch verändert sich das Gesamtbild noch einmal. Das wiederum bedeutet, dass wir uns nicht nur mit den 65 Billionen

Synapsen von anderen unterscheiden; es kommt auch noch darauf an, wie stark wir diese 65 Billionen Pfade betreten.

Das macht unsere Wahrheit aus. Und nun mal ehrlich: wie groß ist die Wahrscheinlichkeit, dass zwei Menschen die gleiche Wahrheit besitzen können? Richtig. Sie ist im Grunde gleich Null.

Dabei waren das nur die unterschiedlichen Synapsen. Schauen wir mal auf unsere Wahrnehmung. Selbst diese ist verschieden und lässt unterschiedliche Wahrheiten in die unterschiedlichen Gehirne ein.

Kennen Sie das elektromagnetische Spektrum? Hierzu gehören die Gammastrahlen genauso wie Röntgenstrahlen, Radiowellen, Handyfrequenzen, WLAN und das für uns sichtbare Licht.

Unser Licht geht von 350 bis 750nm. Das nehmen wir in diesem Spektrum bewusst wahr. Gammastrahlen bewegen sich im Bereich von 0,0001nm, während sich die Radiowellen FM bis AM von einem bis 100m bewegen. Bei wenigen Zentimetern haben wir den Radar. Eine Fledermaus wendet es an und ist in diesem elektromagnetischen Spektrum heimisch.

Nur weil wir es nicht sehen, hören oder fühlen können, heißt es nicht, dass es nicht vorhanden ist. Alle anderen Strahlungen gehen einfach durch uns hindurch. Wir nehmen sie bewusst nicht wahr. Aber unbewusst? Vielleicht das ein oder andere. Schadet es uns? Vielleicht das ein oder andere. Können andere Menschen mehr wahrnehmen als wir? Ja; der ein oder andere.

An dieser Stelle möchte ich nicht zu weit ausholen, um das eigentliche Thema nicht verlassen, aber dennoch sollten Beispiele genannt werden, da sie deutlich aufzeigen, wie unterschiedlich wir sind und unterschiedlich unsere Wahrheiten sind. Somit müssen wir anderen auch ihre Wahrheiten eingestehen und dürfen nicht auf die unsere pochen. Allein durch ihre fehlende Reife und wenigen Erfahrungen, haben Kinder natürlich eine ganz andere Wahrheit. Aber ist sie deswegen falsch?

Drei Prozent der Menschen haben die ein oder andere Form der Synästhesie. Es gibt verschiedene Arten der Synästhesie. Es handelt es sich um einen Zustand, in dem Sinneseindrücke vermischt werden. So gibt es beispielsweise

Menschen, die schmecken Wörter, andere hören sichtbare Bewegungen und wieder andere sehen Klänge als Farben.

Synästhesie kommt daher, dass verschiedene Bereiche im Gehirn, die für die Sinne zuständig sind, gleichzeitig aktiviert werden. Selbst mikroskopisch kleine Veränderungen in der Vernetzung des Gehirns können diese verschiedenen Wirklichkeiten erzeugen.

Es gibt noch ganz andere Wirklichkeiten. Sie und ich kennen es, wenn wir morgens wach werden und uns noch an einen Traum erinnern. Uns ist bewusst, dass diese Geschichte in unserem Kopf tags zuvor nicht stattgefunden hat, sondern dass es in der vergangenen Nacht ein Traum gewesen ist.

Es gibt aber auch Menschen, die die Zustände von Traum und Wirklichkeit nicht auseinanderhalten können. Beides ist möglich und sogar ein Vermischen ist möglich. Stellen Sie sich vor, Sie sitzen in der Bahn und ihnen gegenüber sitzt ein komisch aussehender Typ. Er starrt sie mit großen Augen an. Seine Haare sind bunt und sehr lang. Die Augenbrauen abrasiert und sein ganzes Gesicht ist tätowiert. An seiner zerrissenen Kleidung hängt eine Metallkette. Sie fühlen sich unwohl. Kurz darauf kommt eine ältere Dame und setzt sich auf den Typen. Er ist weg. Er war eine Wahnvorstellung. Hätte sich die Dame daneben hingesetzt, wären beide noch da. War denn die Dame echt? Was ist die Wirklichkeit? Das was mein Gehirn mir mitteilt? Für mich ist das zumindest meine Wahrheit.

Sicherlich haben Sie auch schon Menschen erlebt, die sich im Gespräch befanden, Sie aber haben keine weitere Person gesehen und sind davon ausgegangen, er habe nicht alle Schrauben locker.

Eine solche negative Bemerkung, selbst wenn sie sich nur in den Gedanken abspielt, ist nicht gerade nett. Schließlich geht es hier um nichts anderes, als um die Wahrheit eines anderen Menschen. Wer weiß, wie viele Menschen sich in den vergangenen Jahren heimlich über ihre Wahrheit lustig gemacht haben. Auch nicht nett.

Die wohl einfachste Form von Wahrheit ist die Stellung eines Menschen. Ein Firmenbesitzer ist der Meinung, ein paar unbezahlte Überstunden für das Wohlergehen des Unternehmens ist jederzeit möglich. Natürlich. Es ist sein Unternehmen. Er wirtschaftet in die eigene Tasche. Der Angestellte bekommt sein Festgehalt und bekommt das bezahlt, was er arbeitet. Warum sollte er mehr tun?

Oder versetzen Sie sich zurück in Ihre Kindheit. Sie könnten nun für die Klassenarbeit lernen, aber das Kinderprogramm im Fernsehen ist so spannend und kommt nur in diesem Augenblick. Lernen kann ich später auch noch. Oder morgen. Oder so. Würden Sie das heute bei Ihrem Kind auch noch so sehen? Wohl kaum.

Ein weiteres relativ einfaches Beispiel finden wir bei Süchten. Der lungenkranke Raucher ist doch selbst schuld. Er kann ja aufhören zu rauchen. Der Spielsüchtige – er hat kein Geld mehr. Das ist doch lächerlich; er kann ja mit dem Spielen aufhören.

Haben Sie mal in die Welt eines Süchtigen geblickt? Im Netzwerk unseres Gehirns sind nur ganz kleine Veränderungen in den Billionen Kontakten aufgetreten, aber sie reichen für eine Sucht und zu einer veränderten Wahrheit. Manfred L. (Name geändert) kam zu mir in die Praxis; er litt unter seiner Sexsucht. Man möchte ihm sagen: ‚Du brauchst das nicht. Lass es sein. Du willst es doch gar nicht.' Er hörte aber nicht auf. Tag für Tag ging er durch die Stadt und sprach wildfremde Frauen an.

Wir verurteilen häufig Menschen, die unter einer Sucht leiden. Sie seien doch selbst dafür verantwortlich. (Nur am Rande: das ist die ideale Ausrede, um sich selbst aus der Verantwortung zu ziehen. Denken wir an die Vorbildfunktion!)

Wir interessieren uns nicht für die Spiel- oder Alkoholsüchtigen. Wie ist das aber, wenn die Sucht in eine andere Richtung geht: z. B. Pädophilie. Damit ist nun nicht der Übergriff auf Kinder gemeint, sondern nur die Veranlagung. Plötzlich reden wir nicht mehr von Sucht oder Erkrankung. Hier reden wir von Monstern.

Weiter möchte ich das nun nicht ausführen. Es gibt aber einen kleinen Einblick in den Perspektivwechsel. Keine Wahrheit besitzt Allgemeingültigkeit. Zumindest nicht, was die Wahrheiten von uns Menschen betrifft. Nach außen ist das etwas anderes. Da können wir als Beispiel die Schule heranziehen. In der Mathematik ist in der siebten Klasse 5 + 5 immer zehn. Diese Wahrheit gilt für jeden. Doch wie verhält es sich mit der Wahrheit bei der Gedichtinterpretation in Deutsch? Hier gehen die Wahrheiten wieder auseinander und ich empfehle jedem Schüler, vor der Klassenarbeit die Wahrheiten des Lehrers zu studieren und sich ihm bestmöglich anzupassen.

Wir müssen akzeptieren, dass unsere Wahrheit nicht auf andere eins zu eins übertragbar ist. Weder auf den Chef noch auf Kinder.

In diesem Buch haben Sie meine Wahrheit kennengelernt. Ein Großteil besteht aus Fakten und Tatsachen. Ein kleinerer Teil aus Erfahrungen und der Summe aus allem zusammen.
Jedes Kind braucht Struktur.
Jedes Kind braucht Ziele.
Jedes Kind braucht Konsequenzen.
Jedes Kind … wirklich? Wir sind einzigartig und daher bestätigen die Ausnahmen auch immer wieder die Regeln.

Umsetzung

Was in diesem Fall für Kinder gilt, gilt auch für die Erwachsenen.
Neue Informationen müssen binnen 72 Stunden wiederholt respektive umgesetzt werden!
Wenn Ihnen in diesem Buch etwas sinnvoll erscheint, lesen sie es noch einmal nach oder sprechen Sie mit jemanden darüber. Beginnen Sie auch rasch mit der Umsetzung. Sind erst einmal die ersten 72 Stunden vergangen, sind mehr als 80 Prozent der Informationen im Gehirn verloren gegangen. Außerdem werden Sie maximal nur noch drei Prozent umsetzen.

Wenn Sie etwas verstanden haben und es nachvollziehen können, werden Sie es deutlich besser umsetzen. Bei Kindern ist es genauso. Mit Erklärungen werden sie es leichter und bereitwilliger umsetzen.

Zu meiner Person:

Meine berufliche Laufbahn hätte sich zu meiner Schulzeit keiner vorstellen können; schon gar nicht der Direktor des Gymnasiums meines Geburtsortes. Die Schulzeit war nicht gerade die angenehmste Zeit meines Lebens. Mit meinem damals unerkanntem ADS (Aufmerksamkeitsdefizitsyndroms) stand ich mit dem Lernen sehr häufig auf Kriegsfuß.

Herausgezogen aus meinem schulischen Loch hat mich der Sport. Während der Schulzeit gewann ich Selbstvertrauen und Selbstwertgefühl durch sportliche Leistungen. Ich hatte eine klare Struktur mit dem vielen Training und ich lernte Ziele zu setzen und den dafür notwendigen Weg zu gehen. Die Bestätigungen, die ein junger Mensch vor allem in der Schule erhalten kann, holte ich mir im Sport. Als Jugendlicher wurde ich deutscher Meister und sah sehr viel von der Welt. So mag ich gar nicht daran denken, was aus mir geworden wäre, wenn ich ohne den Sport meine Schulzeit hätte absolvieren müssen.

Heute ist es mir ein besonders großes Anliegen, Schülern mit ähnlichen Schwierigkeiten zu helfen. Wichtig ist mir, die Problematik von verschiedenen Seiten zu durchleuchten. Es reicht nicht nur zu sagen: „Setz' Dich hin und lerne".

Neben einem Studium absolvierte ich fünf Ausbildungen und neun Fortbildungen, um „meine" Themen umfassend angehen zu können. So kam es auch vor, dass ich von einer Ausbildung gerade einmal 10 Prozent zur Anwendung bringen konnte bzw. kann.

In den letzten beiden Jahrzehnten arbeitete ich gerade mit Kindern und Jugendlichen sehr vielseitig: im Sportbereich, in Kursen, Seminaren und in Einzelsitzungen in Schulen und in meiner Praxis. Wichtig ist mir aber auch, dass nicht nur die Schüler davon profitieren sollen, sondern auch die Eltern, um ihren Kindern eine wertvolle Stütze sein zu können; daher halte ich Vorträge und Seminare für Eltern und Lehrer ab; zudem bin ich regelmäßig zu Lehrerfortbildungen an Schulen.

Genauso arbeite ich aber auch mit erwachsenen Einzelpersonen oder ganzen Firmen. Mit dem richtigen Mindset lässt sich vieles erleichtern. Vom Stressabbau bis zur Erfolgsstraße.

Mein Ziel ist es, dass Sie Ihren Königsweg finden und beschreiten können.

Dafür bringe ich nicht nur erlerntes Wissen zur Anwendung und teile meine Erfahrungen mit meinen Klienten, sondern forsche selbst nach neuen Wegen und bringe so immer wieder neue Möglichkeiten hervor.
In den vergangenen zwanzig Jahren habe ich

… einen neuen Richtungszweig in der Kinesiologie entwickelt, um Kindern besser helfen zu können.

… viele Kurzübungen für die Konzentration, Entspannung, zum Einschlafen usw. entwickelt, die von Jung und Alt anwendbar sind.

… mit der Stufen-Hypno-Entspannung eine komplett neue Technik entwickelt, um wirklich in der Tiefe loszulassen; z. B. negative Gedankenmuster, Altlasten und Stress.

… diverse CDs aufgenommen.

… mehrere Bücher geschrieben.

… Studien durchgeführt.

Zuletzt möchte ich Ihnen eines noch mit auf den Weg geben:
Setzen Sie Ihre Wünsche in Ziele um und seien Sie mit dem Herzen und mit dem Kopf bei der Umsetzung.

Besuchen Sie mich doch mal online:
www.herz-kopf-trainer.de
www.facebook.com/pionierone

Vielleicht haben Sie Interesse an Sabine.

Die 13-jährige Sabine hängt viel ihren Gedanken nach, ist unordentlich und wird von einem mysteriösen Schatten verfolgt. Für die Schule fehlt es ihr an Motivation und Konzentration. Ihr wird mehr und mehr bewusst, dass sich etwas ändern muss. Allein schafft sie es jedoch nicht. Mit ihren Eltern kann sie nicht viel anfangen und den Freundinnen erzählt sie nur sehr wenig Privates. Ihr zur Seite stehen ein Mitfahrer in ihrem Schulbus und ein lehrreiches Buch. Mit diesen beiden Quellen versucht sich Sabine mit Struktur, Zielsetzungen und anderen Tools in eine bessere Situation zu bringen. Sie erfährt auch einiges über die Möglichkeiten ihres Unterbewusstseins.

ISBN: 9783748167594